人工智能治理：
场景、原则与规则

周辉　徐玖玖　朱悦　张心宇　著

中国社会科学出版社

图书在版编目（CIP）数据

人工智能治理：场景、原则与规则／周辉等著 . —北京：中国社会科学出版社，2021.3（2022.1 重印）

ISBN 978-7-5203-8101-7

Ⅰ.①人⋯ Ⅱ.①周⋯ Ⅲ.①人工智能—法律—研究 Ⅳ.①D912.170.4

中国版本图书馆 CIP 数据核字（2021）第 047041 号

出 版 人	赵剑英
责任编辑	许　琳
责任校对	鲁　明
责任印制	郝美娜

出　　版	中国社会科学出版社
社　　址	北京鼓楼西大街甲 158 号
邮　　编	100720
网　　址	http://www.csspw.cn
发 行 部	010-84083685
门 市 部	010-84029450
经　　销	新华书店及其他书店
印　　刷	北京君升印刷有限公司
装　　订	廊坊市广阳区广增装订厂
版　　次	2021 年 3 月第 1 版
印　　次	2022 年 1 月第 2 次印刷
开　　本	710×1000　1/16
印　　张	11.5
插　　页	2
字　　数	161 千字
定　　价	68.00 元

凡购买中国社会科学出版社图书，如有质量问题请与本社营销中心联系调换
电话：010-84083683
版权所有　侵权必究

序 一

在2018世界人工智能大会的祝贺致信中，国家主席习近平深刻指出："新一代人工智能正在全球范围内蓬勃兴起，为经济社会发展注入了新动能，正在深刻改变人们的生产生活方式。"

制度竞争力也是国家竞争力。进入新智能时代，各国在开展技术竞争的同时，也在人工智能治理赛道上抢夺制度上的话语权和制高点。因此，立足服务于智能时代国家治理体系和治理能力现代化建设，以广阔的国际视角对人工智能治理态势展开系统性比较研究尤为必要。

在本书中，我们从场景、原则和规则三个维度，立体梳理分析了各主要国家和地区在人工智能战略、监管、政策、规制等方面的最新探索和实践，最后也提出了中国立场的建议方案。

技术在进步，治理在探索。对人工智能治理的研究，这才是一个开始。我们坚信，成功、成熟的人工智能治理，应当是有活力、有秩序、有竞争力的。

我们希望，对于研究者，这是一张有分量的知识地图；对于监管者，这是一个政策工具百宝箱；对于从业者，这是一本必备的合规指南。

周　辉
2021年3月于北京中关村

序 二

人类从来没有像对人工智能这样对于一种新技术这么纠结。按照尤瓦尔·赫拉利在《未来简史》中所说："人工智能和生物基因技术正在重塑世界，人类正面临全新的议题。生命本身就是不断处理数据的过程，生物本身就是算法；计算机和大数据，将比我们自己更了解自己"。人工智能既可能使人类从"智人"进化到"神人"，但也有可能使得99%的人将彻底沦为无用阶级。与以往的新技术都不同，人工智能改变的不是生产资料、生产要素或者生产方式，而是改变"人"自身。

人类社会已经进入数字经济时代，《中共中央国务院关于构建更加完善的要素市场化配置体制机制的意见》已经把数据作为一种新型生产要素写入文件中，与土地、劳动力、资本、技术等传统要素并列为要素之一。与之相应的，人工智能将是数字时代最重要的生产工具，是推动人类进入智能时代的决定性力量，其作用和贡献绝不亚于蒸汽机、发电机和互联网。正是因为这是一场新的技术革命，在过去的十年中，世界主要国家都把发展人工智能作为国家竞争力的核心战略之一，都希望掌握主导权。在市场方面，我们可以看到AI正在以前所未有的速度改变各个行业。在互联网领域，由于互联网天然的全球性，使得全球数十亿用户的数据能够采集，加上AI芯片算力和深度学习训练模型的快速迭代，AI变得越来越聪明，在多个场景中都在应用推广，比如投保人可以通过 AI 智能保险理赔服务，大幅缩短传统人工理赔的流程；农户也可以在卫星遥感加人工智能技术支持下，通过自己田间地头的农作物就获得银行贷款。正是由于 AI 技术对这些应用场景中的支撑，才让服务更普惠，体验更友好，普通老百姓因此有了更多的"获得感"。

与此同时，我们对 AI 失控的担心从未消失。首先，AI 技术的发展速度非常快，就像"技术奇点"的比喻一样，AI 技术就像一列高铁，你远远地看到它来了，开始感觉还很慢，它不断地接近你，然后在它经过你身边的那个瞬间，你还没来得及看清它，它就已经消失在你的视野外。更现实的担忧还包括，人类工作被 AI 替代的焦虑、大数据杀熟、信息茧房效应引发的个群体性视野偏狭和思想极化等，都代表了技术给个体发展、权益保护和社会稳定带来的现实风险，也因此持续引发社会关注。

本书介绍了许多国家、国际组织在人工智能伦理方面的积极思考，以及为达成治理原则的国际共识所付出的持续性努力，代表了人类宝贵的自省能力和意愿。从商业机构视角看，我们始终坚持并呼吁，企业作为人工智能技术的重要研发推动方和应用方，是人工智能技术发展风险的"第一道防线"，应充分认知 AI 技术可能带来的风险，在战略层面上保持并不断强化"技术审慎"的心智，在战术层面上落实技术伦理要求的实操要求。这不是某一个人或某个机构的单打独斗，需要大家一起凝聚共识，拿出负责任的态度和行动，在用技术造福人类的同时，把对人和社会的损害和风险降到最低。

人工智能国际象棋、围棋、图像识别等领域已经超过人类的表现，全面呈现出超越人类表现是必然的趋势。我们今天的探讨只是一个开始，人工智能对于人类社会、文化、伦理带来的挑战还刚刚展开，今天的研讨在若干年后，可能会被认为非常幼稚和可笑。即使如此，认识到问题并采取行动，才能实现人类从"智人"走向"神人"。

蚂蚁集团合规部　李　臣

2021年3月

目　录

第一章　人工智能治理概论 …………………………………（1）
　　第一节　概念和范围 …………………………………………（3）
　　第二节　历史与演变 …………………………………………（6）
　　第三节　应用场景 ……………………………………………（10）
　　第四节　主要挑战 ……………………………………………（12）

第二章　人工智能发展战略、治理原则与监管政策 …………（17）
　　第一节　发展战略 ……………………………………………（19）
　　第二节　治理原则 ……………………………………………（22）
　　第三节　监管政策 ……………………………………………（41）

第三章　人工智能应用场景与规制探索 ……………………（59）
　　第一节　金融领域的人工智能应用 …………………………（61）
　　第二节　知识服务领域的人工智能应用 ……………………（68）
　　第三节　物联网技术的结合 …………………………………（72）

第四章　人工智能企业合规与法律政策 ……………………（93）
　　第一节　企业内部人工智能合规框架 ………………………（95）

第二节　自动化算法决策的合规要求 …………………（101）
　　第三节　算法模型的数据合规要求 ………………………（103）
　　第四节　企业合规和法律政策的良性互动 ………………（110）

第五章　人工智能产业监管 …………………………………（113）
　　第一节　中国人工智能产业监管的发展导向 ……………（115）
　　第二节　国际人工智能产业监管的竞争导向 ……………（120）
　　第三节　探索面向未来的新兴产业监管工具 ……………（124）

第六章　人工智能治理展望 …………………………………（127）
　　第一节　伦理价值导向 ……………………………………（129）
　　第二节　算法规制导向 ……………………………………（133）
　　第三节　隐私保护导向 ……………………………………（146）

第七章　结论：走向人工智能综合治理 ……………………（151）
　　第一节　合众为一：企业合规与多元治理共同发力 ……（153）
　　第二节　以人为本：人力、算力、智力深度融合 ………（156）
　　第三节　技法融合：技术推广与法治保障要素结合 ……（160）
　　第四节　命运共担：本土治理与国际合作双规并行 ……（162）

参考文献 ……………………………………………………（165）

后记 …………………………………………………………（175）

第 一 章

人工智能治理概论

第一节 概念和范围

人工智能的概念和范围仍然处于发展和变化之中，并且形成了多视角的解读。

人工智能（Artificial Intelligence，AI）是计算机科学的一个重要分支，旨在促进自动化机器或者计算机更好地模拟、延伸和拓展人类的智能，从而赋能机器设备自动化地实现人类的思考能力或脑力劳动。简而言之，人工智能就是模拟并延伸人类智能活动的科学。① 人工智能概念的核心就是对于人类行为和能力的模仿。随着技术的不断发展，核心概念基础之上的范围却在不断扩大，形成了围绕这一概念而不断演变发展的丰富内容，进而催生了对人工智能概念更多、更深层的讨论和探索（详见表1-1）。

表1-1　　　　　对于"人工智能"概念的讨论和探索

发布时间	定义	机构
2016年9月	一种受到人类感知、思考、推理和行动方法启发但又有所区别的科学和计算机技术②	美国斯坦福大学
2016年10月	对人工智能的范围进行了较为详细的区分，分为狭义人工智能与广义人工智能，前者是专注于完成某个特定任务的人工智能，例如语音识别、图像识别等；后者在狭义人工智能的基础上，充分包含学习、语言、认知、推理、创造和计划等内容③	美国国家科学技术委员会

---

① 谢平、邹传伟：《Fintech：解码金融与科技的融合》，中国金融出版社2017年版，第73页。

② ［美］美国斯坦福大学：《2030年的人工智能与生活调查报告》（*Artificial Intelligence and Life in 2030*），2016年9月，https：//ai100.stanford.edu/sites/g/files/sbiybj9861/f/ai_100_report_0831fnl.pdf。

③ ［美］美国国家科学技术委员会：《国家人工智能研究和发展战略计划》（2016年版）（*The National Artificial Intelligence Research and Development Strategic Plan*：2016），2016年10月，https：//www.nitrd.gov/pubs/national_ai_rd_strategic_plan.pdf。

续表

发布时间	定义	机构
2018年11月	"人工智能"是一个内涵广泛的术语，涵盖几个更具体的概念。一般来说，广义的人工智能是指具备智能完成任何任务，而非预设任务之能力的机器，但此种机器还未出现。狭义的人工智能是指目前存在的分析、建模以及预测部分世界的人工智能应用，包括计算机数据分析，尤其是特大数据集分析①	AccessNow
2019年1月	尝试模拟人类特性（例如学识、推理、解决问题、感知、学习和计划等）的一系列技术（第一版）②	新加坡个人资料保护委员会
2019年3月	机器模仿人类智力的能力③	欧洲议会
2019年4月	用于自动解决问题，以及在没有人类详尽指引的情况下执行任务，以实现规定目的的一组相互关联的技术集合④	澳大利亚联邦科学与工业研究组织⑤
2019年4月	欧盟《可信赖人工智能伦理指南》中并未定义人工智能，但是定义了"人工智能系统"。人工智能系统是在给定一个复杂目标时，通过数据采集感知环境、解释收集的结构或解构数据、对知识进行推理或处理信息、基于数据决定实施达成给定目标的最佳行动，以在物理或者数字维度发挥作用的由人类设计的软件系统（也可能是硬件系统）⑥	欧盟委员会

---

① Access Now：《欧洲人工智能监管建议》（*Mapping Regulatory Proposals for Artificial Intelligence in Europe*），2018年11月，https：//www.accessnow.org/cms/assets/uploads/2018/11/mapping_regulatory_proposals_for_AI_in_EU.pdf。

② [新加坡]新加坡个人资料保护委员会：《人工智能治理示范框架（第一版）》（*Model Artificial Intelligence Governance Framework（The First Edition）*），2019年1月，https：//ai.bsa.org/wp-content/uploads/2019/09/Model-AI-Framework-First-Edition.pdf。

③ 欧洲议会：《理解算法决策：机遇与挑战》（*Understanding Algorithmic Decision-making：Opportunities and Challenges*），2019年3月，https：//www.europarl.europa.eu/RegData/etudes/STUD/2019/624261/EPRS_STU（2019）624261_EN.pdf。

④ [澳]《人工智能：澳大利亚的伦理框架》（讨论稿）（*Artificial Intelligence：Australia's Ethics Framework*）（*A Discussion Paper*）。

⑤ [澳]澳大利亚联邦科学与工业研究组织 [The Commonwealth Scientific Industrial Research Organisation（CSIRO）]：《人工智能：澳大利亚的伦理框架（讨论稿）》（*Artificial Intelligence：Australia's Ethics Framework（A Discussion Paper）*），2019年4月，https：//consult.industry.gov.au/strategic-policy/artificial-intelligence-ethics-framework/supporting_documents/ArtificialIntelligenceethicsframeworkdiscussionpaper.pdf。

⑥ 欧盟委员会：《可信赖人工智能伦理指南》（*Ethics Guidelines for Trustworthy AI*），2019年4月，https：//digital-strategy.ec.europa.eu/en/node/1950/printable/pdf。

续表

发布时间	定义	机构
2019年5月	一个基于机器的系统，以一组给定的人为目标，可以做出影响真实或虚拟环境的预测、建议或决策①	经济合作与发展组织（OECD）
2019年7月	一组模拟人类决策的编程算法②	美国布鲁金斯学会
2019年10月	用于执行目标任务的各种信息处理技术，以及完成这项任务时的论证方式。报告沿用了美国国防部2018年人工智能战略中的定义，概念最基础的部分仍然是"能够使机器执行诸如识别模式、经验学习、推理结论、作出预测或采取行动等人类智识行为的数字化或自主化的智能软件"，但又对此做了进一步的扩张③	美国国防部
2020年2月	数据、算法和计算能力相结合的技术集合④	欧盟委员会
2020年1月	尝试模拟人类特性（例如学识、推理、解决问题、感知、学习和计划），以及基于人工智能模型，输出结果或作出决定（例如预测、建议或者分类）的一系列技术⑤	新加坡个人资料保护委员会

由对以上关于人工智能的概念和范围进行的梳理，我们可以发现，人工智能的概念核心并未发生改变，但是其范围却随着技术、场景的变化有着不同的内容。而选择广义的、更具包容性的概念界

---

① 经济合作与发展组织（OECD）理事会：《人工智能建议》（*The Recommendation of the Council on Artificial Intelligence*），2019年5月，https：//www.fsmb.org/siteassets/artificial-intelligence/pdfs/oecd-recommendation-on-ai-en.pdf。

② ［美］美国布鲁金斯学会：《美国数字城市中的人工智能》（*Artificial Intelligence in America's Digital City*），2019年7月，https：//www.brookings.edu/research/artificial-intelligence-in-americas-digital-city/。

③ ［美］美国国防部：《人工智能原则：国防部人工智能应用伦理的若干建议》（*AI Principles-Recommendations on the Ethical Use of Artificial Intelligence by the Department of Defense*），2019年10月，https：//media.defense.gov/2019/Oct/31/2002204458/-1/-1/0/DIB_AI_PRINCIPLES_PRIMARY_DOCUMENT.PDF。

④ 欧盟委员会：《人工智能白皮书：通往卓越和信任的欧洲之路》（*White Paper on Artificial Intelligence- A European Approach to Excellence and Trust*），2020年2月，https：//ec.europa.eu/info/sites/info/files/commission-white-paper-artificial-intelligence-feb2020_en.pdf。

⑤ ［新加波］新加坡个人资料保护委员会：《人工智能治理示范框架（第二版）》（*Model Artificial Intelligence Governance Framework（The Second Edition）*），2020年1月，https：//www.pdpc.gov.sg/-/media/files/pdpc/pdf-files/resource-for-organisation/ai/sgmodelaigovframework2.pdf。

定模式，无论是对于当下还是未来而言，也许是更加合适的一种方式，即，人工智能是模仿人类智能的科学技术的总称。

从横向角度看，人工智能系统的生命周期（AI system lifecycle）包括设计数据模型、验证确认、部署、操作监测四个部分。[①] 从纵向角度而言，人工智能的产业链包括三个层面，分别为基础层、技术层和应用层。人工智能基础技术层面，由数据中心和运算平台组成，具体应用包括数据传输、运算和存储。人工智能应用技术层面，由不同领域的应用技术组成，具体应用包括感知智能和认知智能两类：感知智能是模拟人类的听、说等认知能力，例如语音识别、图像识别、生物识别等感知智能应用；认知智能是模拟人类的思考和理解能力，例如机器学习、智能预测等认知智能应用。人工智能应用层面，是人工智能在具体场景中的应用，例如无人驾驶、智能医疗、智能机器人等。[②]

表1-2　　　　　　　　人工智能产业链

应用层	不同领域的应用场景	例如无人驾驶、智能医疗、智能机器人等
技术层	不同领域的应用技术	感知智能和认知智能
基础层	数据中心和运算平台	数据传输、运算和存储

第二节　发展演变

人工智能的发展史带有很强的技术发展史特点，是不断发展、

---

① ［国际组织］经济合作与发展组织（OECD）理事会：《人工智能建议》（The Recommendation of the Council on Artificial Intelligence），2019年5月，https://www.fsmb.org/siteassets/artificial-intelligence/pdfs/oecd-recommendation-on-ai-en.pdf。

② 谷建阳：《AI人工智能：发展简史、计算案例、商业应用》，清华大学出版社2018年版，第55—56页。

突变和创新的历史，考察人工智能发展史为研究人工智能治理提供了历史视角。

人工智能发展史大体可分为四个阶段，虽并非一路高歌猛进，中间亦有起伏，但整体呈现上升的态势（详见图1-1）。

萌芽期	低谷期	积累期	爆发期
1.0阶段	2.0阶段	3.0阶段	4.0阶段
1.图灵机的出现 2.美国达特茅斯学院的学术讨论会首次出现人工智能概念	1.受制于当时计算机性能、数据技术等方面影响，人工智能发展受困 2.在技术上亦有突破	1.研究转向知识库系统和知识工程领域；人工智能专家系统被广泛适用 2.专家系统热度降低；美国国防高级研究计划局（DAPRA）无法实现人工智能的精确化，对人工智能的投资大量缩减	1."深度学习"概念，人工智能性能取得突破发展 2.互联网技术发展带动人工智能的复苏和创新；机器学习算法升级带动人工智能产业飞速发展 3.计算智能、感知智能和认知智能

图1-1 人工智能的发展沿革

一 人工智能1.0阶段：萌芽期

20世纪40—60年代，计算推理为人工智能奠定了基础。早期的神经网络[①]研究就包括了将神经网络应用于人工智能的研究，图灵机的出现成为后续电脑和人工智能技术产生的基础。这一时期是人工智能的萌芽期，人工智能诞生并迎来第一次大发展。"人工智能"概念首现于1956年夏天美国达特茅斯学院的一场学术讨论会，虽然会议没有形成对于"什么是人工智能"问题的共识，但

---

① "神经网络"即人工神经网络（artificial neural network，ANN）的简称，指由加权链路且权值可调整连接的基本处理元素的网络，通过把非线性函数作用到其输入值上使每个单元产生一个值，并把它传送给其他单元或把它表示成输出值。参见中华人民共和国国家标准GB/T 5271.34-2006/ISO/IEC 2382-34：1999《信息技术词汇 第34部分：人工智能神经网络》中关于人工神经网络（ANN）的定义。

是为后续研究点燃了火光。这次会议后，人工智能领域出现了大量的研究突破，例如亚历克斯·伯恩斯坦编写的首例国际象棋程序、赫伯特·西蒙编写的逻辑理论家程序，以及第一款神经网络Perc-eptron的出现等。

二 人工智能2.0阶段：低谷期

20世纪60—70年代，人工智能的发展进入低谷期。人工智能在进步中面临着种种困境，受制于当时计算机性能、数据技术等方面的客观影响，科学家们对于人工智能的设想无法得到实现，相关模型算法难以达到预想的进展。当然，这一阶段亦有一些突破，例如随着语义网的逐步构造，约瑟夫·魏泽堡开发的伊莉莎（Eliza）成为第一个能实现人机对话的程序。

三 人工智能3.0阶段：积累期

如果说人工智能2.0阶段处于知识获取阶段，那么人工智能3.0阶段则进化到了机器学习阶段，人工智能迎来了第二个发展期（1970—1987年）。计算机符号处理能力的增强推动了知识库系统（或称"专家系统"）的建立，BP算法（误差后向传播算法）的出现使大规模的神经网络训练成为可能，人工智能进入第二个黄金期。该时期人工智能的研究方向转向知识库系统和知识工程领域，人工智能专家系统被广泛适用。

但是随后，人工智能发展又迎来了第二个低谷期（1987—1994年）。人类专家基于万维网的出现和台式机性能的提升可以随时随地在网上解答问题，而人工智能机器对此缺乏优势，人们对于专家系统的热情随即归于冷静。由于美国国防高级研究计划局（DARPA）至今无法实现人工智能计算机在机器学习技术基础上拥有更强的推理和解释能力，对所识别对象的判断往往存在模棱两可的情况，这对于发展军用、医药、法律和教育等诸多人工智能应用而言是难以接受的，对于人工智能的投资也大量缩减。

四 人工智能4.0阶段：爆发期

人工智能4.0阶段的标志是深度学习技术。在这一阶段，人工智能迎来了新的复苏期（1994—2010年），甚至是爆发期（2010年至今）。2006年，杰弗里·欣顿提出"深度学习"理论，人工智能性能取得突破发展。互联网技术的发展直接带动了人工智能的复苏和创新，数字化、网络化和智能化成为各国科技发展战略的重点。机器学习算法开始快速迭代升级，带动人工智能产业飞速发展。互联网、移动设备、传感器等技术的发展为海量数据的形成提供了基础，同时云计算和高速CPU芯片技术的发展又为深度学习提供了计算基础，两者的联动实现了人工智能算法的不断优化，人工智能开始进入爆发式发展阶段。

爆发期人工智能发展可以分为三个进化阶段，即计算智能、感知智能和认知智能。2013年之前为计算智能阶段，该阶段的特点是人工智能能够帮助人类存储和快速处理海量数据；从2013年到2015年是感知智能时代，其特点是语音识别和机器视觉开始出现；2016年是感知智能到认知智能的转折元年，人工智能开始初步像人类一样思考和行动，形成了人机交互、高效知识管理和智能推理学习三大核心支撑能力。

第三节 应用场景

人工智能的应用具有广泛性,不同领域技术应用的成熟度也有所区别。

第一,人工智能的应用具有广泛性。近年来,人工智能技术飞速发展,迅速融入经济、社会、文化领域,甚至在部分领域产生了颠覆性和突破性的效果。实体经济的数字化、网络化、智能化,是人工智能在经济领域得到广泛应用的重要契机,催生出大量人工智能技术的具体应用场景,人工智能展现出非常广阔的发展空间。例如,自动驾驶成为在驾驶领域最为重要的应用,通过依靠人工智能、视觉计算、雷达监控、定位系统等各种技术的协同,使电脑在无人类主动操作的情况下可以自动地安全驾驶车辆。自动驾驶系统通常包括感知、协同以及执行三个部分,具体场景包括智能汽车、智能公共交通、无人快递等。身份识别是将需要识别的对象与数据库中的人物特征进行比对,智能、快速、精准地确认目标身份的技术。根据需要将身份识别系统与其他安防系统进行联动,能够实现目标快速对比、目标实时追踪、历史轨迹追查等监控活动,该领域目前最为热门的应用就是人脸识别。视频监控,包括视频资源的管理、调控系统和联动监控的自动预警系统。智能机器人,主要可以分为工业机器人和服务机器人,根据欧盟议会 2017 年发布的《欧盟机器人民事法律规则》(*European Civil Law Rules on Robotics*),智能机器人的发展可能具有改变生活与工作实践、提高效率和安全水平、提供更高水平的服务的潜力,在发展中期有望在生产和商业领域,特别是在运输、医疗、救援、教育和农业等领域大大提高效率、节约成本，同时降低人类风险。[①] 医疗健康，人工智能在医疗健康领域的应用相对较晚，但是具有非常广阔的前景，医疗健康成为人工智能的热门投资领域，被认为是"人工智能落地的第一只靴子"。[②] 知识服务的人工智能应用，主要集中在搜索与智能推荐、智能问答（客服机器人、私人助理）、大数据分析等方面，通过语音的智能识别、自然语言处理、深度学习神经网络、知识图谱等技术，使系统接收文本或语音信息后能够识别、搜索、分析信息的内容并模拟人类进行反馈，实现智能人机交互。人工智能在经济领域广泛应用带来的共识性益处包括节约交易成本、提高运营效率、提高用户体验、拓宽销售渠道、提高普惠程度等。

第二，人工智能的应用需要以算法和数据作为基础。综观人工智能技术得以迅猛发展的应用领域，皆是与人工智能技术在数据和算法两个层面形成了较好的契合与对接，这是人工智能技术应用的核心关键。深度学习算法[③]是人工智能发展的重要支撑和基础，成为近年来人工智能迅猛发展的关键因素。深度学习算法在计算机视觉、语音识别、自然语言的处理、音频识别等领域都有非常广泛的应用。海量数据能够提高人工智能机器学习的效果，是饲喂深度学习和强化学习的资源库。因此，人工智能应用领域

[①] 该规则同时指出目前机器人技术仍然在发展之中，需要对智能机器人对整个社会可能产生的直接影响和间接影响密切关注。该领域应用人工智能的核心切是伦理问题、安全和风险问题、决策透明度以及人工智能系统可信度问题，以及未来教育、就业和社会政策的转向。

[②] 何晓亮：《"AI+医疗"：人工智能落地的第一只靴子》，《科技日报》2017年2月16日。

[③] "深度学习算法"是建立深层结构模型的学习方法，典型的深度学习算法包括深度置信网络、卷积神经网络、受限玻尔兹曼机和循环神经网络等。深度学习又称为深度神经网络（指层数超过3层的神经网络）。深度学习源于多层神经网络，其实质是给出了一种将特征表示和学习合二为一的方式。深度学习的特点是放弃了可解释性，单纯追求学习的有效性。参见中国电子技术标准化研究院《人工智能标准化白皮书》（2018年版），第12页。

的活动或者项目，要想实现一定程度的标准化、模式化，一方面须有海量数据饲喂人工智能技术的发展，另一方面需要可应用的算法助力人工智能落地。

第三，社会公众对人工智能应用的态度存在分歧。2018年12月10日美国民调机构皮尤研究中心就人工智能问题调查了979名受访者①后，形成《人工智能与人类未来》②调查报告，报告指出人们对于人工智能的态度存在一定的分歧，同时存在乐观与悲观两种观点和情绪，担忧主要集中于人类行使权利自由受到限制的风险、数据滥用的风险、劳动力失业问题、人类思考和能力的流失、人工智能武器的风险等。基于对于人工智能未来的担忧，如何合理应用人工智能，并且让技术体现出人类社会的价值和人性，是最为关键的问题。人工智能的治理问题，是所有人类面临的共同课题和挑战。

第四节　主要挑战

人们对于人工智能应用的态度存在一定的分歧，原因在于人工智能的应用可能会带来一定的风险和挑战。

从各国的人工智能战略来看（详见表1-3），相关挑战、风险或困难集中于以下方面：（1）缺乏共识基础：人工智能技术的基本概念和范围等仍然处于发展中，未形成共识；（2）治理不确

---

① 受访者包括技术开发人员、企业高管、政策领袖、学者等。
② ［美］美国皮尤研究中心：《人工智能与人类未来》（*Artificial Intelligence and the Future of Humans*），2018年12月，https://www.pewresearch.org/internet/2018/12/10/artificial-intelligence-and-the-future-of-humans/。

定性较大：人工智能治理框架和规则始终处于不明确、不清晰的状态；（3）权利保护：包括基于数据的各类权利、隐私权等人格权、平等就业权等自我发展权利；（4）算法隐忧：包括基于算法决策的安全性、公平性、透明性、可追责性等；（5）技术实现的成本收益不明：包括人力资源的培训、基础设施的建设等方面需要投入大量成本；（6）技术发展与创新的激励与局限：技术对经济、社会、文化等方面带来的宏观影响，以及其与技术创新之间的均衡问题；（7）可信赖 AI 的合作如何实现：包括国内不同主体之间的 AI 合作和 AI 的国际合作问题。

表1-3　　　　　　各国人工智能战略指出的治理挑战

国家和地区	文件名称	挑战、困难或风险
美国	为人工智能的未来做好准备①	利用人工智能替代人类和机构，作出有关人类的重要决定，通常引发对于正义、公平和可靠性的担忧； 限制人工智能在现实世界中的发展的一个主要原因就是安全和控制； 人工智能对于国际关系、网络安全和国防都提出了重大的政策难题
美国	人工智能、自动化和经济②	人工智能可能带来失业和不平等，但是人工智能是否带来上述问题不仅取决于技术本身，还取决于机构和政策
日本	人工智能技术战略③	人工智能技术、数据和处理的条件中的全新结构体系（例如自守和量子结构体系的发展），以及使用上述结构体系的设备和系统的建构是重要的挑战。此外，结合创新网络（5G等），从广域传感器，安全、超低延迟地传送信息，并利用人工智能技术进行实时判断也十分重要

① 美国总统行政办公室与美国国家科学与技术委员会（*Executive Office of the President National Science and Technology Council Committee on Technology*），《为人工智能的未来做好准备》（*Preparing For The Future Of Artificial Intelligence*），2016 年 10 月。

② ［美］美国总统行政机构：《人工智能、自动化和经济》（*Artificial Intelligence, Automation, and the Economy*），2016 年 12 月，https：//obamawhitehouse. archives. gov/sites/whitehouse. gov/files/documents/Artificial-Intelligence-Automation-Economy. PDF。

③ ［日］人工智能技术战略委员会：《人工智能技术战略》（*Artificial Intelligence Technology Strategy*），2017 年 3 月，https：//ai-japan. s3-ap-northeast-1. amazonaws. com/7116/0377/5269/Artificial_ Intelligence_ Technology_ StrategyMarch2017. pdf。

续表

国家和地区	文件名称	挑战、困难或风险
英国	人工智能领域行动①	工业战略部提出四大挑战： 1. 通过投资研发，技能以及监管创新，使英国成为全球人工智能和数据驱动创新的中心； 2. 支持部门通过人工智能和数据分析技术提高产能； 3. 通过数据伦理和创新中心，提高英国网络安全能力，引领世界安全及合乎伦理地使用数据； 4. 通过对STEM技能和计算机科学教师进行投资，以及再教育和再研究自动化对各部门的影响，帮助人们掌握未来工作所需技能
印度	国家人工智能战略②	1. 缺少可能的数据生态环境； 2. 人工智能研究不足，包括基础技术核心研究和市场应用转化核心研究不足； 3. 人工智能专家、人力和机会的不足； 4. 商业过程中采用人工智能的意识不足，成本较高； 5. 隐私，安全和伦理的法规不明确； 6. 知识产权体制不足以激励人工智能的研究和采用
欧洲	理解算法决策：机遇与挑战③	算法决策系统（ADS）的风险：可能产生各种个体风险（歧视、不公平、丧失自主等）、经济风险（不公平、市场准入受限等）以及社会整体风险（垄断、威胁民主等）。具体而言，ADS可能对个人的影响包括破坏平等、隐私、尊严、自主和自由意志，并且可能构成与健康、生活品质和人身安全相关的风险；对公共部门的影响包括可能产生治理漏洞，从而导致公共系统被利用，甚至歪曲信息、控制或影响公民行为、破坏政治稳定；对私营部门的影响包括技术人员的培训、对行业和工作机会的影响等方面

---

① ［英］英国商业、能源和产业部与数字、文化、媒体和体育部：《人工智能领域行动》（*Artificial Intelligence Sector Deal*），2018年4月（最新版本：2019年5月），https：//www.gov.uk/government/publications/artificial-intelligence-sector-deal/ai-sector-deal。

② ［印度］印度国家转型研究院：《国家人工智能战略》（*National Strategy for Artificial Intelligence*），2018年6月，https：//niti.gov.in/writereaddata/files/document_publication/NationalStrategy-for-AI-Discussion-Paper.pdf。

③ 欧洲议会：《理解算法决策：机遇与挑战》（*Understanding Algorithmic Decision-making：Opportunities and Challenges*），2019年3月，https：//www.europarl.europa.eu/RegData/etudes/STUD/2019/624261/EPRS_STU(2019)624261_EN.pdf。

续表

国家和地区	文件名称	挑战、困难或风险
欧盟	人工智能白皮书：通往卓越和信任的欧洲之路①	1. 物理伤害：个人安全和健康，包括生命，财产； 2. 非物理伤害，隐私，表达自由权利受限，人类尊严，歧视，例如：受雇的方式； 3. 基本权利受到侵犯，包括个人数据和隐私保护，不受歧视受到威胁； 4. 安全和有效责任机制受到威胁。 陈上述问题外，委员会认为现存法律框架还需要完善，以解决下列问题： 1. 现有欧盟和成员国立法的有效应用和执行； 2. 现有欧盟立法的管辖范围受限； 3. 人工智能系统功能改变； 4. 供应链不同经济主体的责任分配不确定； 5. 安全内涵的改变

---

① 欧盟委员会：《人工智能白皮书：通往卓越和信任的欧洲之路》（*White Paper on Artificial Intelligence- A European Approach to Excellence and Trust*），2020年2月，https://ec.europa.eu/info/sites/info/files/commission-white-paper-artificial-intelligence-feb2020_en.pdf。

第 二 章

人工智能发展战略、治理原则与监管政策

整体而言，各国的人工智能的战略或治理措施各有侧重，关注的内容涉及科学研究、人才培养、公私合作、标准规范、数据保护、道德规范、算法歧视等方面，这一方面受到各国人工智能产业发展阶段的客观影响，另一方面也与本国的法律传统、经济文化社会等非技术因素相关。

第一节　发展战略

对于宏观性的人工智能战略，我们可以从各国发展战略的时间分布和主要步骤设计这两个方面，绘制出各国的人工智能战略布局。

第一，人工智能战略的时间分布。从各国人工智能战略或白皮书的时间分布上可以发现（详见图2-1），各国对于人工智能战略布局的发力时间不同，美国和日本布局时间较早，而欧盟、印度、新加坡等国家和地区直到2018年才开始布局各自的人工智能战略。

第二，人工智能的战略和步骤。各国人工智能战略主要围绕以下几个方面（详见表2-1）：(1) 安全战略，这是各国关注最多的部分；(2) 投资战略，集中于如何发展和激励人工智能产业发展；(3) 人力资源战略，重点为如何培养具备人工智能技能的新人力资源以及应对未来的就业格局变化；(4) 制度战略，通过科学的人工智能治理体系谋求在人工智能领域的话语权和规则制定权。

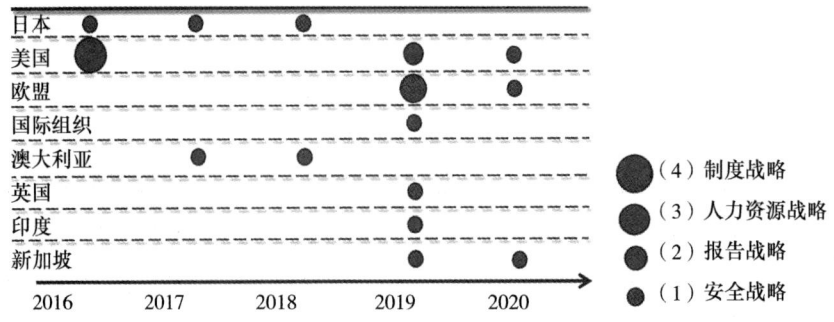

图 2-1　各国人工智能战略或白皮书分布图

表 2-1　　　　　　各国人工智能战略步骤要览

国家和地区	文件名称	战略
美国	国家人工智能研究和发展战略计划①	五个安全战略以确保人工智能系统的安全： 1. 提高可解释性和透明度； 2. 建立互信； 3. 增强核实和验证； 4. 形成安全攻略； 5. 长期维持和调整
	人工智能、自动化和经济②	三大政策包括： 1. 为多方面利益投资和发展人工智能； 2. 为未来教育和训练美国人； 3. 帮助工人完成过渡并让工人确保广泛共同增长
	国家人工智能研究和发展战略计划（2019 年版）③	八个战略： 1. 确保人工智能研究的长期投资； 2. 发展人类—人工智能合作的有效方式； 3. 了解和解决人工智能的伦理、法律和社会影响； 4. 确保人工智能系统的安全； 5. 为人工智能训练和测试创造共享公共数据集和环境； 6. 通过标准和基准衡量和评价人工智能技术； 7. 更加了解国家人工智能研发的劳动力需求； 8. 扩大公共和私人合作以加快人工智能的进步

---

① ［美］美国国家科学技术委员会：《国家人工智能研究和发展战略计划》（2016 年版）(*The National Artificial Intelligence Research and Development Strategic Plan*：2016)，2016 年 10 月，https：//www.nitrd.gov/pubs/national_ ai_ rd_ strategic_ plan.pdf。

② ［美］美国总统行政机构：《人工智能、自动化和经济》（*Artificial Intelligence, Automation, and the Economy*），2016 年 12 月，https：//obamawhitehouse.archives.gov/sites/whitehouse.gov/files/documents/Artificial-Intelligence-Automation-Economy.PDF。

③ ［美］国家科学技术委员会：《国家人工智能研究和发展战略计划》（2019 年版）(*The National Artificial Intelligence Research and Development Strategic Plan*：2019 UPDATE)，2019 年 6 月，https：//www.nitrd.gov/pubs/National-AI-RD-Strategy-2019.pdf。

续表

国家和地区	文件名称	战略
日本	人工智能技术战略①	战略集中于三个领域： 1. 集中行业、学界和政府智慧，进行基础技术的发展； 2. 培养具备技能的人力资源； 3. 公共数据维护以及提供起步支持
澳大利亚	2030年澳大利亚：创新获致繁荣》②	实现规划的五项行动要务： 1. 教育：使全体澳大利亚民众具备2030愿景所需的技能，以应对工作性质的变化； 2. 工业：激励高成长企业和提高产能，确保澳大利亚持久繁荣； 3. 政府：致力于催化创新，在创新服务交付中成为公认的全球领导； 4. 研究与开发：通过提高研究成果的转化与商业化，提高研发效率； 5. 文化与志向：通过启动宏大的国家级任务，增强澳大利亚文化创新力度
欧盟	可信赖人工智能的政策和投资建议③	两个主要步骤： 1. 推动可信赖人工智能在欧洲产生积极影响，包括赋能和保护人类和社会，推动私营部门转型，为公共部门领域提供可持续增长和创新的动力，确保世界一流的研究能力； 2. 利用有利因素实现可信赖人工智能，包括构建数据和基础设施，发展人工智能的教育和技能培养，建立适当的人工智能治理和监管框架，促进人工智能的投资和融资
OECD理事会	人工智能建议④	五项建议： 1. 投资AI研发； 2. 建立AI数字生态系统； 3. 构建AI政策环境； 4. 为劳动力市场转型提高人类技能； 5. 开展可信赖的AI国际合作

---

① ［日］人工智能技术战略委员会：《人工智能技术战略》（*Artificial Intelligence Technology Strategy*），2017年3月，https：//ai-japan. s3-ap-northeast-1. amazonaws. com/7116/0377/5269/Artificial_ Intelligence_ Technology_ StrategyMarch2017. pdf。

② ［澳］澳大利亚创新与科学处：《2030年澳大利亚：创新获致繁荣》（*Australia 2030 Prosperity through innovation*），2017年11月，https：//www. industry. gov. au/sites/default/files/May% 202018/document/pdf/australia－2030-prosperity-through-innovation-full-report. pdf？acsf_files_ redirect。

③ 欧盟人工智能高级专家组：《可信赖人工智能的政策和投资建议》（*Policy and Investment Recommendations for Trustworthy AI*），2019年6月，https：//digital-strategy. ec. europa. eu/en/node/1694/printable/pdf。

④ 经济合作与发展组织（OECD）理事会：《人工智能建议》（*The Recommendation of the Council on Artificial Intelligence*），2019年5月，https：//www. fsmb. org/siteassets/artificial-intelligence/pdfs/oecd-recommendation-on-ai-en. pdf。

第二节 治理原则

一 人工智能治理原则概述

各国政府和国际组织是人工智能治理原则最为活跃的探索主体，形成了许多具有借鉴价值的规则尝试。

通过梳理主要国家政府和国际组织发布的人工智能相关文件（详见表2-2），我们可以发现，人工智能治理原则主要集中于：1. 公平、非歧视原则（11次）；2. 透明、可解释、可溯源原则（10次）；3. 以人为本、人的自主权原则（7次）；4. 责任原则（6次）；5. 安全、无害、稳健原则（5次）；6. 合法原则（3次）；7. 隐私保护原则（3次）；8. 有益原则（3次）；9. 合作、促进原则（3次）；10. 其他原则，包括正当使用（1次）、数据质量（1次）、数据保护（1次）、可测试（1次）、伦理原则（1次）等。

因此，下列人工智能治理原则可能成为关注的焦点：1. 公平、非歧视原则，AI系统的开发不能有偏见，不能导致歧视产生。2. 透明、可解释、可溯源原则，应注意AI系统的可验证性及其判断的可解释性。3. 以人为本原则，确保人类拥有自主权，AI系统需要以人为中心，致力于为人类和共同利益服务，以增进人类福利和自由为目标；同时，AI系统要能够防止意外伤害或干扰，在冲突升级或其他情况下能够自动限制或者停止。4. 责任原则，AI系统应当可追责，并且承担社会责任。5. 安全、无害、稳健原则，AI系统应当确保安全和稳健，寻求AI系统的利益最大化，同时防止和尽量减少风险。6. 合法原则，必须遵守AI系统相关的法律和法规。7. 隐私保护原则，尊重个人在研究和发展AI系统时的隐私，不侵犯用户或其

第二章 人工智能发展战略、治理原则与监管政策

表2-2　　　　政府和政府间组织关于人工智能治理原则的概述

国家和地区	文件名称	数据保护	公平、非歧视	安全、无害、稳健	合法	以人为本的自主权	隐私保护	责任	合作、促进	透明、可解释、可溯源	正当使用	数据质量	有益	可测试	合乎伦理
日本	人工智能学会伦理准则①		★③	★④	★⑤	★⑥	★⑦	★⑧	★⑨						
	人工智能利用原则草案②		★⑩	★⑪		★⑫	★⑬	★⑭	★⑮	★⑯	★⑰	★⑱			

---

① ［日］日本人工智能学会伦理委员会：《日本人工智能学会伦理准则》（*The Japanese Society for Artificial Intelligence Ethical Guidelines*），2017年2月，http://ai-elsi.org/wp-content/uploads/2017/05/JSAI-Ethical-Guidelines-1.pdf。

② ［日］日本总务省：《人工智能利用原则草案》（*Draft AI Utilization Principles*），2018年7月，https://www.soumu.go.jp/main_content/000581310.pdf。

③ 维护公平，开发AI不带有偏见，努力确保AI开发的资源可以由人类以公平和平等的方式使用。

④ 确保安全，注意AI安全并承担责任。

⑤ 遵纪守法，必须遵守与研发、知识产权以及任何其他相关合同协议相关的法律和法规。

⑥ 为人类做贡献，为人类的和平、安全、福利和公共利益作出贡献。

⑦ 尊重隐私，尊重个人在研究和发展AI时的隐私。

⑧ 承担责任与社会责任，验证AI技术的性能和影响，向社会及时传递AI的潜在危险，避免AI的滥用。

⑨ 促进沟通和自我发展，致力于改善和增进社会对AI的理解。

⑩ 公平原则，个人不会因AI系统或服务的判断而受到不公平的歧视。

⑪ 保障原则，AI系统或服务不会通过执行器或其他设备损害用户、间接用户或第三方的生命、身体或财产；安全原则，注意AI系统或服务的安全性。

⑫ 人的尊严和个人自主原则，应尊重人的尊严和自主权。

⑬ 隐私原则，不侵犯用户或其他人的隐私。

⑭ 问责原则，应努力履行对利益相关者（包括消费者用户和间接用户）的责任。

⑮ 合作原则，注意AI系统或服务的协作。

⑯ 透明性原则，应注意AI系统或服务输入/输出的可验证性及其判断的可解释性。

⑰ 正确利用原则，应努力在人与AI系统之间或人类之间正确分配角色的情况下，以适当的范围和方式使用AI系统或AI服务。

⑱ 数据质量原则，注意用于AI学习的数据质量。

续表

国家和地区	文件名称	数据保护	公平、非歧视	安全、无害、稳健	合法	以人为本、人的自主权	隐私保护	责任	合作、促进	透明、可解释、可溯源	正当使用	数据质量	有益	可测试	合乎伦理
印度	国家人工智能战略①	☆								☆					
新加坡	AI 治理和伦理的三项倡议②	☆				☆				☆					
新加坡	人工智能治理模式框架（第一版）③	☆				★④				☆					
澳大利亚	人工智能：澳大利亚的伦理框架（讨论稿)⑤	★	★	★		★	★			★			★	★	

① ［印度］印度国家转型研究院：《国家人工智能战略》（*National Strategy for Artificial Intelligence*），2018 年 6 月，https：//niti. gov. in/writereaddata/files/document_ publication/NationalStrategy-for-AI-Discussion-Paper. pdf。

② ［新加波］新加坡咨询通信媒体发展管理局：《AI 治理和伦理的三项倡议》（*Artificial Intelligence Governance and Ethics Initiatives*），2018 年 6 月，https：//www. imda. gov. sg/-/media/Imda/Files/About/Media-Releases/2018/2018-06-05-Fact-Sheet-for-AI-Govt. pdf? la = en。

③ ［新加波］新加坡个人资料保护委员会：《人工智能治理示范框架（第一版）》（*Model Artificial Intelligence Governance Framework（The First Edition）*），2019 年 1 月，https：//ai. bsa. org/wp-content/uploads/2019/09/Model-AI-Framework-First-Edition. pdf。

④ 由于 AI 被用来延伸人类的能力，维护人类的利益，包括人类的福祉和安全，应该是设计、开发和部署 AI 的首要考虑因素。

⑤ ［澳］澳大利亚联邦科学与工业研究组织：《人工智能：澳大利亚的伦理框架（讨论稿）》（*Artificial Intelligence：Australia's Ethics Framework（A Discussion Paper）*），2019 年 4 月，https：//consult. industry. gov. au/strategic-policy/artificial-intelligence-ethics-framework/supporting _ documents/ArtificialIntelligenceethicsframeworkdiscussionpaper. pdf。

续表

国家和地区	文件名称	数据保护	公平、非歧视	安全、无害、稳健	合法	以人为本、人的自主权	隐私保护	责任	合作、促进	透明、可解释、可溯源	正当使用	数据质量	有益	可测试	合乎伦理
欧盟	用于监管目的的自动化个体决策和人物画像之指南①	★③	☆		☆					☆					
欧盟	可信赖人工智能伦理指南②	★	★④			★⑤				★			★⑥		
国际组织	人工智能建议⑦	☆	☆			☆	☆			☆			☆		
美国	国家人工智能研究和发展战略计划（2019年版）⑧		☆					☆	☆	☆					☆

---

① 欧盟委员会：《用于监管目的的自动化个体决策和人物画像之指南》（Guidelines on Automated individual decision-making and Profiling for the purposes of Regulation），2018年2月，https：//ec. europa. eu/newsroom/article29/item-detail. cfm? item_ id=612053。

② 欧盟委员会：《可信赖人工智能伦理指南》（Ethics Guidelines for Trustworthy AI），2019年4月，https：//digital-strategy. ec. europa. eu/en/node/1950/printable/pdf。

③ 包括：1. 进一步处理和目的限制；2. 数据最小化；3. 准确性；4. 储存限制。

④ 寻求AI系统的利益最大化，同时防止和尽量减少风险。

⑤ AI系统需要以人为中心，致力于为人类和共同利益服务，以增进人类福利和自由为目标。

⑥ 形成可信赖的AI，寻求以符合尊重人权、民主和法治的基本价值观的方式获得利益。

⑦ 经济合作与发展组织（OECD）理事会：《人工智能建议》（The Recommendation of the Council on Artificial Intelligence），2019年5月，https：//www. fsmb. org/siteassets/artificial-intelligence/pdfs/oecd-recommendation-on-ai-en. pdf。

⑧ ［美］国家科学技术委员会：《国家人工智能研究和发展战略计划》（2019年版）（The National Artificial Intelligence Research and Development Strategic Plan：2019 UPDATE），2019年6月，https：//www. nitrd. gov/pubs/National-AI-RD-Strategy-2019. pdf。

续表

国家和地区	文件名称	数据保护	公平、非歧视	安全、无害、稳健	合法	以人为本人的自主权	隐私保护	责任	合作、促进	透明、可解释、可溯源	正当使用	数据质量	有益	可测试	合乎伦理
美国	人工智能原则：国防部人工智能应用伦理的若干建议①		★②	★③		★④		★⑤		★⑥					

注：★：较为详细；☆：简略。

他人的隐私。8. 有益原则，实现 AI 系统的包容性增长，寻求以符合尊重人权、民主和法治的基本价值观的方式实现可持续发展和福祉。9. 合作、促进原则，致力于改善和增进社会对 AI 系统的理解，促进 AI 系统之间的合作。

二 多维度的人工智能治理原则

（一）透明度原则

"解释对于关乎它们的行动、行为和决策透明与否是重要的，尤其是在人类需要基于 AI 系统结果决策的场景中更加重要。一种

---

① [美] 美国国防部：《人工智能原则：国防部人工智能应用伦理的若干建议》（*AI Principles-Recommendations on the Ethical Use of Artificial Intelligence by the Department of Defense*），2019 年 10 月，https://media.defense.gov/2019/Oct/31/2002204458/-1/-1/0/DIB_AI_PRINCIPLES_PRIMARY_DOCUMENT.PDF。

② 避免偏见。
③ 易于理解、充分界定、使用安全。
④ 能够防止意外伤害或干扰，在冲突升级或其他情况下能够自动限制或者停止。
⑤ 人类保留适当的判断能力并对国防部人工智能系统承担责任。
⑥ 保证透明度和可审计。

合适的解释能够提升人们对于系统的信任,在交互关系中能够更好地合作。"透明度原则的主要包括可解释性、可溯源、可理解性、信息披露、信息展示等内容。该原则在全球人工治理基本原则中具有较高的普遍性,例如2018年6月印度国家研究院在《国家人工智能战略》中将"透明度"(Transparency)描述为"打开'黑箱'"(opening the "Black Box")①。2018年7月日本人工智能网络协会(AI Network Society)对透明性原则(Principle of transparency)给出了更为具体的要求:应注意AI系统或服务输入/输出的可验证性及其判断的可解释性。2019年澳大利亚联邦科学与工业研究组织(CSIRO)将"透明度"和"可解释性"纳入《人工智能:澳大利亚的伦理框架(讨论稿)》的要求之中②。经过对比后发现,新加坡和美国将透明度原则纳入文件内容的实践对于在规范中对透明度原则进行规制较具借鉴意义。

新加坡主要从形成可信赖人工智能的角度阐释透明度原则。2018年6月新加坡咨询通信媒体发展管理局在《AI治理和伦理的三项倡议》中要求AI需要具有可解释(explainable)性和透明(transparent)③性。2019年新加坡个人资料保护委员会发布的《人工智能治理模式框架(第一版)》在算法透明方面沿袭了上述

---

① [印]印度国家转型研究院:《国家人工智能战略》(*National Strategy for Artificial Intelligence*),2018年6月,https://niti.gov.in/writereaddata/files/document_publication/NationalStrategy-for-AI-Discussion-Paper.pdf。

② [澳]澳大利亚联邦科学与工业研究组织:《人工智能:澳大利亚的伦理框架(讨论稿)》(*Artificial Intelligence:Australia's Ethics Framework(A Discussion Paper)*),2019年4月,https://consult.industry.gov.au/strategic-policy/artificial-intelligence-ethics-framework/supporting_documents/ArtificialIntelligenceethicsframeworkdiscussionpaper.pdf。

③ [新加波]新加坡咨询通信媒体发展管理局:《AI治理和伦理的三项倡议》(*Artificial Intelligence Governance and Ethics Initiatives*),2018年6月,https://www.imda.gov.sg/-/media/Imda/Files/About/Media-Releases/2018/2018-06-05-Fact-Sheet-for-AI-Govt.pdf?la=en。

两个要求①。在2020年1月《新加坡人工智能政府监管标准框架配套文件——公司实施及自查规则》中，在可解释性要求方面采用了补充解释策略，要求对人工智能模型进行解释，特别是对可解释性较差的模型进行解释并且具备可追溯性②。同期，新加坡《人工智能治理模式框架（第二版）》将决策过程的可解释、透明和公平提升至助力建立对人工智能的信任和信心的高度。③ 综上，新加坡对于透明度原则要求在不断加深和细化，并且用解释策略补强透明度要求，将这一原则作为可信赖人工智能的重要基点。

在透明度要求方面，美国列举了最佳实践的具体要求，并且将信息披露作为透明度原则的有益补充，以此达到风险管理和产业激励的双重目标。2019年5月美国国会的《人工智能倡议法案》④ 和2019年6月美国国家科学技术委员会发布的《国家人工智能研究和发展战略计划2019年版》⑤ 都提出要保证人工智能（或算法）具有透明度（可解释性）。2019年10月，美国联邦政府独立咨询机构国防创新委员会在《人工智能原则：国防部人工智能应用伦理的若干建议》中，要求国防部的人工智能工程学科应足够先进，以便技术

---

① ［新加波］新加坡个人资料保护委员会：《人工智能治理示范框架（第一版）》（Model Artificial Intelligence Governance Framework（The First Edition）），2019年1月，https://ai.bsa.org/wp-content/uploads/2019/09/Model-AI-Framework-First-Edition.pdf。

② ［新加波］新加坡政府：《新加坡人工智能政府监管标准框架配套文件：公司实施及自查规则》（Companion to the Model AI Governance Framework: Implementation and Self-Assessment Guide for Organizations），2020年1月，https://www.pdpc.gov.sg/-/media/Files/PDPC/PDF-Files/Resource-for-Organisation/AI/SGIsago.pdf。

③ ［新加波］新加坡个人资料保护委员会：《人工智能治理示范框架（第二版）》（Model Artificial Intelligence Governance Framework（The Second Edition）），2020年1月，https://www.pdpc.gov.sg/-/media/files/pdpc/pdf-files/resource-for-organisation/ai/sgmodelaigovframework2.pdf。

④ ［美］美国国会：《人工智能倡议法案》（Artificial Intelligence Initiative Act），2019年5月，https://www.congress.gov/bill/116th-congress/senate-bill/1558。

⑤ ［美］国家科学技术委员会：《国家人工智能研究和发展战略计划》（2019年版）（The National Artificial Intelligence Research and Development Strategic Plan: 2019 UPDATE），2019年6月，https://www.nitrd.gov/pubs/National-AI-RD-Strategy-2019.pdf。

专家对其人工智能系统的技术、开发过程和操作方法有适当的了解，包括透明和可审计的方法、数据源、设计程序和文件①。2019年11月，美国国会研究服务局在《人工智能与国家安全研究报告》中，要求增加可解释性，并认为这将是人类在AI系统中建立适当水平的信任度的关键②。值得注意的是，2020年1月美国白宫在《人工智能应用监管指南备忘录（草案）》中，对透明度进行了较为详细的阐述：透明度的最佳实践包括透明地阐明人工智能应用结果的优势和劣势、预期的优化或结果、偏差缓解以及适当应用。为了避免过于严格的要求对产业激励产生的负面影响，草案同时将信息披露作为透明度原则的合理补充，对于风险较低的人工智能应用，可以依靠不过于严格和繁琐的监管方式，或者通过信息披露或消费者教育等非监管方式进行管理③。

2020年8月，美国国家标准与技术研究院在《可解释AI四项原则草案》中，认为AI系统需要有很高的解释性以使理解成为可能。构建可信赖AI的愿景是许多法规政策的共同愿景，可解释性被认为是可信赖AI的重要构成要件。无法明确说明原理的AI系统可能会损害用户的信任程度。对于AI系统存在不信任或偏见，会减缓社会和公众对新技术的接受。可解释性的程度需要适度，

---

① ［美］美国国防部：《人工智能原则：国防部人工智能应用伦理的若干建议》（*AI Principles-Recommendations on the Ethical Use of Artificial Intelligence by the Department of Defense*），2019年10月，https：//media. defense. gov/2019/Oct/31/2002204458/-1/-1/0/DIB_ AI_ PRIN-CIPLES_ PRIMARY_ DOCUMENT. PDF。

② ［美］美国国会研究服务局：《人工智能与国家安全研究报告》（2019年11月21日更新）（*Artificial Intelligence and National Security（Updated November* 21，2019））。2019年11月，https：//www. hsdl. org/？ view&did = 831893。

③ ［美］美国白宫管理和预算局：《人工智能应用监管指南备忘录（草案）》（*Guidance for Regulation of Artificial Intelligence Applications（draft*）），2020年1月，https：//www. whitehouse. gov/wp-content/uploads/2020/01/Draft-OMB-Memo-on-Regulation-of-AI-1-7-19. pdf。

目前社会公众和监管者对于 AI 系统可解释性的期待不能完全由企业和程序员承担。据此，NIST 提出的可解释人工智能的四项原则是对于原则细化的一项尝试①。可解释人工智能的四项原则具体包括如下几个方面：

一是解释（explanation）原则。解释原则是指系统应当为输出附随证据或理由。对于 AI 系统为输出提供证据、支持或推理过程，是对于义务的客观性描述，不设定质量要求。在解释的限度方面，解释并非越精细越全面就越好。有研究表明，明确表达决策过程可能有损解释的准确性，因为潜在的自动化过程更近似于"黑匣子"，有时会超出可认知的范畴。

二是有意义（meaningful）原则。有意义原则是指系统应当提供用户所能理解的解释。有意义原则在客观上受到解释的影响，主观上受到主体认知和思维过程的影响，同时也是 AI 系统人本价值的重要体现。有意义包括两个层面的含义，一是听众能够得出解释者预期的结论；二是听众能否基于解释对结论形成共识。

三是解释的准确性（explanation accuracy）。解释准确性原则是指解释能够准确地反映系统产生输出的过程。解释的准确性不同于决策的准确性，无论决策是否正确，AI 系统都应当准确描述系统是如何得出这样的结论的。从技术层面而言，算法和系统准确性的评估已经存在相应的技术描述方法，这在客观上并不具有难度，但是有意义原则和准确性原则都需要考虑主观认知、合理成本的区分，

---

① ［美］美国国家标准与技术研究院：《可解释 AI 四项原则草案》（*Four Principles of Explainable Artificial Intelligence*），2020 年 8 月，https：//www.nist.gov/system/files/documents/2020/08/17/NIST%20Explainable%20AI%20Draft%20NISTIR8312%20%281%29.pdf.

以寻求一种平衡点,而不是通用的标准①。

四是知识极限(knowledge limits)。知识极限原则是指系统仅在设计条件下或达到足够可信度的条件下进行输出。用以标识和声明系统可输出结论的范围,防止因系统识别输出未经设计或者未经批准的结论,从而产生错误、危险或不正确的决策。悖论在于,人们往往无法正确地评估自身的能力和准确性,以及作出对于这种知识极限进行报告的判断。因此,人们对于自身知识极限的判断往往本身就是有限或者薄弱的。

由此可以看出,美国国家标准与技术研究院对可解释性原则落实和细化的结果,本身也带有不确定性,还需要实践给予客观的评价和检验。

透明度被认为是能够有效改良AI、减少伤害的一种重要方式,有利于建立良好的信任,促进对话,推动民主参与。对于提高透明度的方式,相关文件主要建议加大信息公开的范围、提供非技术性的解释、审核等方式。与之相区别的是,私营部门在执行透明度原则方面更倾向于通过技术方案进行解决,以监督为重点,与利益相关者和公众保持互动和沟通。

(二)公平原则

公平原则包括公正、正义、平等、非歧视、多样性、多元化等内容。例如,印度《国家人工智能战略》中提出要建立公平的AI系统,解决人工智能的偏见。澳大利亚《人工智能:澳大利亚的伦理框架(讨论稿)》也强调了公平的要素。其中,日本、美国、新加坡在这一方面的经验探索值得进一步的讨论和分析。

---

① 认知心理学认为,人们普遍存在一种"内省幻觉"(introspection illusion),这种心理作用导致人们对于决策的表述,往往不能可靠地反映出准确的或是有意义的内在过程。神经科学的研究证实了人们无法全面地意识到自身的意识过程,而是以一种"选择性失明"(choice blindness)的形式得以记录。

日本在公平原则方面的维度包括人类个体和整体两个层面。2017年2月，日本人工智能学会在《日本人工智能学会伦理准则》中提出要维护公平，开发AI应当不带有偏见，努力确保AI开发的资源可以由人类以公平和平等的方式使用①。2018年7月，日本总务省发布的《人工智能利用原则草案》将公平原则描述为：个人不会因AI系统或服务的判断而受到不公平的歧视②。

美国更多的是将公平原则视为选择监管工具的重要考量因素。《国家人工智能研究和发展战略计划2019年版》《人工智能原则：国防部人工智能应用伦理的若干建议》均提出公平原则的要求。《人工智能倡议法案》提出人工智能技术的发展要呈现多元化，实现人工智能人才队伍多元化，拓展人工智能人才队伍。《人工智能应用监管指南备忘录（草案）》要求人工智能应当体现公平与非歧视，在考虑与人工智能应用相关的法律或非法律的监管时，应当根据法律规定考量人工智能应用所产生结果和决定的公平性和非歧视性问题，以及和现有技术相比能否降低非法、不公平或其他非故意歧视的程度③。

新加坡对于公平原则的探索更加具体和细化。《人工智能治理模式框架（第一版）》和《AI治理和伦理的三项倡议》都提出了公平原则。《新加坡人工智能政府监管标准框架配套文件——公司实施及自查规则》要求企业需有对已部署AI模型运行细节的概况说

---

① ［日］日本人工智能学会伦理委员会：《日本人工智能学会伦理准则》（*The Japanese Society for Artificial Intelligence Ethical Guidelines*），2017年2月，http：//ai-elsi.org/wp-content/uploads/2017/05/JSAI-Ethical-Guidelines-1.pdf。
② ［日］日本总务省：《人工智能利用原则草案》（*Draft AI Utilization Principles*），2018年7月，https：//www.soumu.go.jp/main_content/000581310.pdf。
③ ［美］美国白宫管理和预算局：《人工智能应用监管指南备忘录（草案）》（*Guidance for Regulation of Artificial Intelligence Applications（draft）*），2020年1月，https：//www.whitehouse.gov/wp-content/uploads/2020/01/Draft-OMB-Memo-on-Regulation-of-AI-1-7-19.pdf。

明，其中应包括公平性的呈现。新加坡《人工智能治理模式框架（第二版）》要求，公平性要体现在三个方面：一是确保算法决定不会对不同的人群产生歧视性或不公正的影响；二是将公平性纳入监测和审核机制，避免在实施决策系统时出现无意的歧视；三是在开发系统、应用程序和算法时，咨询不同的意见和群体。

公共部门强调公平公正、减轻偏见、避免歧视。相较而言，私营部门更强调前两者。由于人工智能应用导致各主体之间地位不均衡的问题进一步加剧，因此，各类治理框架中提出了诸多探索落实公平原则的方案。主要的探索方式包括：通过标准、编码等方式形成技术解决方案；通过提供信息来提高公众对现有权利和法规的认识；发展或强化救济权利的保障；提高与社会公众和其他利益相关者的互动等。

（三）安全原则

安全原则包括安全、稳健、无害、非恶意、预防、保护、完整性等。例如，澳大利亚《人工智能：澳大利亚的伦理框架（讨论稿）》要求人工智能对人类无害。欧盟《可信赖人工智能伦理指南》同样要求，避免伤害（Prevention of harm），寻求 AI 系统的利益最大化，同时防止和尽量减少风险。[①]

日本既要求安全，也要求保障。《日本人工智能学会伦理准则》要求应当确保 AI 是安全的并承担责任。《人工智能利用原则草案》一方面要求遵守保障原则，规定 AI 系统或服务不会损害用户、间接用户或第三方的生命、身体或财产。同时，草案要求遵守安全原

---

① 欧盟委员会：《可信赖人工智能伦理指南草案》（*Draft Ethics Guidelines for Trustworthy AI*），2018 年 12 月，https：//www.euractiv.com/wp-content/uploads/sites/2/2018/12/AIHLEG-DraftAIEthicsGuidelinespdf.pdf。

则，注意 AI 系统或服务的安全性。①

新加坡对安全性和完整性同时提出要求。《新加坡人工智能政府监管标准框架配套文件——公司实施及自查规则》提出安全性、可靠性和稳健性要求，考虑设计、验证和确认人工智能模型，以确保其足够稳健。《人工智能治理模式框架（第二版）》要求人工智能具有安全性和完整性。前者是指：AI 系统应该是安全可靠的，而不是容易被篡改或泄露它们所训练的数据；后者是指：如果有理由怀疑人工智能模型运行信息的真实性或完整性，算法审核机制就可以证明该模型如何运行。

美国则主要从负面影响的角度进行要求。美国《人工智能原则：国防部人工智能应用伦理的若干建议》要求人工智能具有可控性，能够防止意外伤害或干扰，在冲突升级或其他类似情况下能够自动下线或者停止运行。②《人工智能倡议法案》提出，应当努力寻求如何评估人工智能的安全性，并且最大限度地减少数据集、算法和人工智能其他方面的不当偏差。《人工智能应用监管指南备忘录（草案）》要求人工智能安全、可靠并且按照设计的预期进行工作。《美国 AI 世纪：行动蓝图》同样指出，人工智能系统应当确保安全。③

事实上，安全问题是人工智能等新技术都需要面对的传统风险。美国《人工智能与国家安全研究报告》甚至对此不持乐观态度，认

---

① ［日］日本总务省：《人工智能利用原则草案》（*Draft AI Utilization Principles*），2018 年 7 月，https：//www. soumu. go. jp/main_ content/000581310. pdf。

② ［美］美国国防部：《人工智能原则：国防部人工智能应用伦理的若干建议》（*AI Principles-Recommendations on the Ethical Use of Artificial Intelligence by the Department of Defense*），2019 年 10 月，https：//media. defense. gov/2019/Oct/31/2002204458/-1/-1/0/DIB_ AI_ PRIN-CIPLES_ PRIMARY_ DOCUMENT. PDF。

③ ［美］新美国安全研究中心：《美国 AI 世纪：行动蓝图》（*The American AI Century：A Blueprint for Action*），2019 年 12 月，https：//s3. us-east-1. amazonaws. com/files. cnas. org/documents/CNAS-Tech-American-AI-Century_ updated. pdf？mtime = 20200103081822&focal = none。

为从技术角度来看,人工智能的当前安全问题有可能是无法克服的。

对于无害原则的具体实施主要侧重于技术治理的措施和策略。其范围包括AI的研究、设计、开发、部署等方面,并通过内置的数据质量评估、安全性和隐私设计以及行业标准的提倡等方式践行这一原则。主流观点认为,损失也许是不可避免的,但是应当充分评估以减轻或降低风险,且应当明确规定相应的责任。

(四)责任原则

责任原则包括可追责、可问责等内涵。这是较为普遍的原则要求,例如澳大利亚《人工智能:澳大利亚的伦理框架(讨论稿)》、OECD理事会《人工智能建议》和毕马威《人工智能促进企业转型》都采用了可问责性(accountability)的表述。

日本的责任原则对象主体包括广泛的利益相关者。日本《人工智能利用原则草案》规定了责任原则,认为AI应努力履行对利益相关者(包括消费者用户和间接用户)的责任。

新加坡更倾向于合理责任原则。《新加坡人工智能政府监管标准框架配套文件——公司实施及自查规则》提出,为了加强对AI算法决策的有效干预,将信任度和阈值作为问责机制执行的标准,以考虑预期的结果并协助与利益相关方进行沟通。同样,《人工智能治理模式框架(第二版)》要求,确保人工智能行为者(AI actors)根据其作用、背景和技术水平,对人工智能系统的正常运作以及对同人工智能的道德和原则相符合负责。事实上,新加坡对于责任原则规定了相应的基准和约束条件,而不是将这种责任原则进行无条件地泛化,这在一定程度上体现了决策者对于技术发展的审慎监管态度。

美国对如何实现责任原则提出了一些思路,并且希望推动这一原则成为全球共识。《人工智能原则：国防部人工智能应用伦理的若干建议》要求在人工智能系统中，人类应当保留适当的判断能力并对人工智能系统承担责任。《人工智能应用监管指南备忘录（草案）》对 AI 责任原则的实现提出了一条通路——提高公众参与，并认为这种方法特别是在人工智能使用个人信息的情况下，将改善对于 AI 的问责和监管结果，增加公众的信任和信心。《美国 AI 世纪：行动蓝图》中认为，美国政府不仅需要制定人工智能使用的指导规范，还需要制定实施办法和遵守规范以落实问责机制。其中，该文件指出与志同道合的国家建立联盟和伙伴关系，将有助于确保"负责任地管理人工智能"这一项原则成为全球规范。

　　责任原则的具体建议包括采取诚信行为和厘清责任的归属两方面。诚信行为指作为人工智能研发者在进行人工智能技术研发设计时应致力于创建高度可靠的人工智能系统，减少安全风险，不留"后门"；人工智能使用者在使用人工智能技术时应具有高度的社会责任感和自律意识，不利用技术侵犯他人的合法权益；人工智能技术相关各方应严格遵守法律法规、伦理道德和标准规范。人工智能技术不能成为限制责任的理由，必须明确人工智能情景下的责任，并根据因果关系进行规制。如人工智能产品因设计缺陷造成损害，应要求该类产品生产者承担相应责任。若有人使用人工智能技术侵害他人合法权利则需要承担相应责任，监管部门应将人工智能纳入各环节监管，将登记、审批、检查等方面落实到位。例如，2016 年欧洲议会在《欧盟机器人民事法律规则》的起草报告中提出，未来适用于机器人责任的法律解决方案不应限制可以追回的损害的类型或程度，也不应以非人为代理造成的损害为由，限制向受害者提供的赔偿形式。同时，若要适用严格赔偿责任，需要证明已发生损害，以及机器人的有害行为与受害方遭受的损失之间有因果关系。

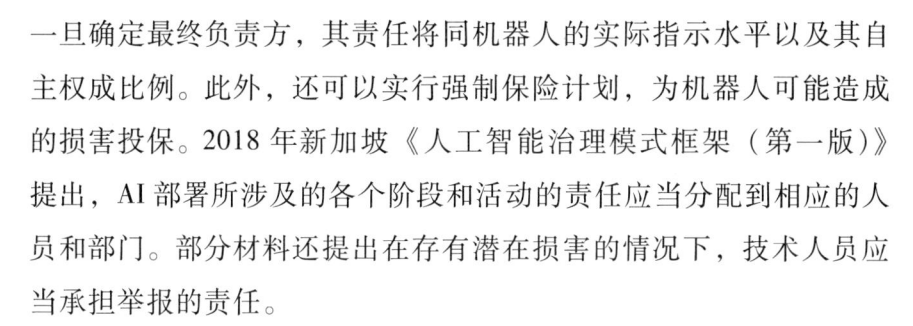

一旦确定最终负责方，其责任将同机器人的实际指示水平以及其自主权成比例。此外，还可以实行强制保险计划，为机器人可能造成的损害投保。2018年新加坡《人工智能治理模式框架（第一版）》提出，AI部署所涉及的各个阶段和活动的责任应当分配到相应的人员和部门。部分材料还提出在存有潜在损害的情况下，技术人员应当承担举报的责任。

（五）可信原则

可信原则包括可信赖、可信任等内容。美国《人工智能倡议法案》提出"算法可信度"概念（algorithm trustworthiness），这对人工智能标准和测试方法的制定具有重要意义。《美国AI世纪：行动蓝图》认为，关于量化人工智能"稳健性"和"可信度"的学术研究，将有助于建立定义明确、有效的衡量标准。

新加坡《人工智能治理模式框架（第二版）》要求人工智能系统具有可审查性，是指人工智能系统应当准备好接受对其算法、数据和设计过程的评估。内部或外部的审核员对人工智能系统的评估将有助于提高人工智能系统的可信度，因为它表明了AI系统设计和实践的责任性以及结果的合理性。

科学家们普遍认为可信原则的建立可以支持AI目标的实现，通过信息沟通、责任制、可靠性等要求可建立和强化信任基础。但是各方对于可信原则的解读存在一定的差异，一些政策文件认为，唯有透明、可理解、可解释的AI系统才能建立信任关系。另有一些政策文件认为，AI可信的关键在于满足公众的期望，而不是过于追求算法可理解[1]，抑或是提升公众的算法素养，教育公众

---

[1] ［美］美国国家标准与技术研究院：《可解释AI四项原则草案》（Four Principles of Explainable Artificial Intelligence），2020年8月，https：//www.nist.gov/system/files/documents/2020/08/17/NIST%20Explainable%20AI%20Draft%20NISTIR8312%20%281%29.pdf。

理解关于算法选择、决策的核心概念，让公众可以更加深刻地理解人工智能技术特征。这些是提高算法和人工智能可信度的可能方案[①]。

(六) 以人为本原则

以人为本原则包括尊重人的自主权、尊严和自尊等内容。例如，日本《人工智能利用原则草案》提出人的尊严和个人自主原则，指出人工智能系统应当尊重人的尊严和自主权。美国《人工智能应用监管指南备忘录（草案）》认为，对于人工智能的分析需要将人的尊严作为重要的分析评估要素之一。欧盟《可信人工智能伦理指南》认为，AI 系统应当尊重人类自主，因此 AI 系统需要以人为中心，致力于为人类和共同利益服务，以增进人类福利和自由为目标。OECD 理事会《人工智能建议》将该原则提升到以人为本的价值观。

新加坡《AI 治理和伦理的三项倡议》要求机器人及其决定应当以人为中心。《人工智能治理模式框架（第一版）》认为，由于 AI 用于延伸人类的能力，维护人类的利益、福祉和安全，因此以人为中心应该是设计、开发和部署 AI 首要考虑的因素。《人工智能治理模式框架（第二版）》对"以人为本"原则进行了详细的规则设计，认为人工智能的设计、开发和部署的首要考虑因素应该是扩大人的能力，保护人的利益，包括人的幸福和安全。具体而言，该文件中的"以人为本"原则包括七个方面的要求：一是公平分配数据以避免对弱势群体过分不利；二是力求从数据和先进建模技术的使用中创造尽可能大的利益；三是参与数据实践，鼓励有助于人类繁荣、人类尊严和人类自主的实践；四是重视对于受数据应用影响的人和

---

① European Parliament: A Governance Framework For Algorithmic Accountability And Transparency, April 2019, https://www.europarl.europa.eu/RegData/etudes/STUD/2019/624262/EPRS_STU(2019)624262_EN.pdf

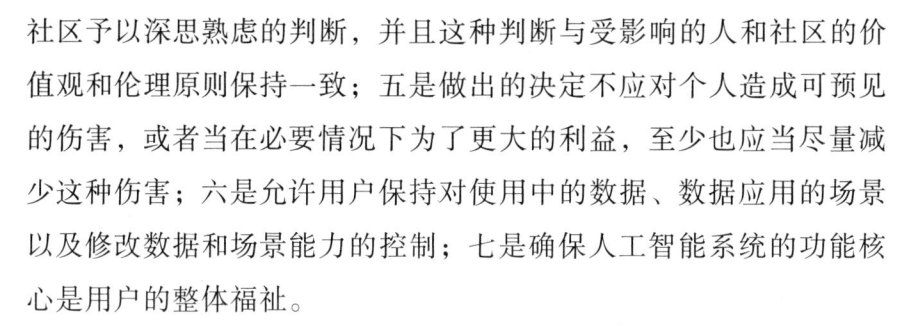

社区予以深思熟虑的判断,并且这种判断与受影响的人和社区的价值观和伦理原则保持一致;五是做出的决定不应对个人造成可预见的伤害,或者当在必要情况下为了更大的利益,至少也应当尽量减少这种伤害;六是允许用户保持对使用中的数据、数据应用的场景以及修改数据和场景能力的控制;七是确保人工智能系统的功能核心是用户的整体福祉。

(七)有益原则

有益原则是对于人工智能"善"的要求,包括效益、福利、和平、公共利益、福祉等方面。例如,《日本人工智能学会伦理准则》要求人工智能要为人类的和平、安全、福利和公共利益作出贡献。《人工智能:澳大利亚的伦理框架(讨论稿)》提出有益原则,要求人工智能为人们带来的利益应大于其成本。OECD理事会《人工智能建议》要求人工智能应能够促进包容性增长以及可持续发展和福祉。美国《人工智能应用监管指南备忘录(草案)》希望人工智能的部署有利于改善福利等社会目标。美国《人工智能倡议法案》更为具体地要求AI有利于美国所有个人,为包括弱势和代表性不足的群体成员创造可衡量的利益。

有益原则通常关注于人类的福祉和繁荣,人类社会的和平和幸福,创造更多的机会、促进经济繁荣等。这种促进作用还包括推动AI与人类价值观的统一,推进人们对科学的理解,使AI为人类谋福利等。

(八)伦理原则

美国《国家人工智能研究和发展战略计划(2019年版)》提出要创造合乎伦理的人工智能的目标。《美国AI世纪:行动蓝图》提出了AI伦理原则。《人工智能倡议法案》对于伦理原则的要求较为详细,提出要重视人工智能系统相关的技术开发、技术使用以及数据的收集、存储和共享（包括数据集的训练）中可能存在的伦理问题。值得注意的是，《人工智能与国家安全研究报告》提出要平衡与人工智能和自主系统相关的研发与伦理考量，在该问题上寻求一种博弈均衡的思路。

《新加坡人工智能政府监管标准框架配套文件——公司实施及自查规则》提出若要将道德原则转化为能够实施的做法，关键是抓住人工智能部署过程中的四个核心环节：一是内部治理的结构和措施；二是运行管理；三是确定人工智能辅助决策中人类的参与程度；四是利益双方的互动和沟通。新加坡《人工智能治理模式框架（第二版）》要求当组织开始在其流程中大规模部署人工智能或增强其产品或服务时，应详细制定一套道德原则。

（九）合法原则

《日本人工智能学会伦理准则》要求人工智能系统要遵纪守法。《人工智能利用原则草案》规定了妥当利用原则，认为应当努力在人与AI系统之间或人类之间正确分配角色的情况下，以适当的范围和方式使用AI系统或AI服务。

在美国，《人工智能应用监管指南备忘录（草案）》要求人工智能系统具有合规性，符合法律规定。人工智能系统应保障可能对重要的公共政策或私营部门决策（包括消费者做出的决策）产生明确和实质性影响的信息（无论是政府提供的信息还是政府从第三方获得的信息），并且具有较高的质量、透明度和合规性。

《新加坡人工智能政府监管标准框架配套文件——公司实施及自查规则》要求，每个项目团队的领导和官员都应该对人工智能项目负责，以管理AI系统模型的风险，厘定执法监督者的角色和责任，并且被记录在案。

第三节 人工智能的监管政策

一 国际组织

联合国和经济合作与发展组织(以下简称"经合组织")十分关注人工智能相关的治理规则和风险防范问题,并形成了一定的制度创新。

(一)联合国

联合国对于人工智能相关的风险和挑战更为关注。2015 年,联合国教科文组织与世界科学知识与技术伦理委员会共同发布《机器人伦理初步报告草案》报告,提出为应对人工智能和机器人所带来的挑战和风险,应当注重数据和隐私保护;创新人机责任分担机制;建立预警机制;实景测试;保障知情同意权;智能机器人的退出机制;教育和就业的保险制度等。[①]

(二)经合组织

经合组织提出了人工智能治理原则和具体建议。2019 年 5 月 22 日,经合组织(OECD)部长级理事会根据数字经济政策委员会(CDEP)的提议,通过了第一个政府间关于人工智能标准的建议。从 2016 年的"人工智能技术前瞻论坛"(Technology Foresight Forum),到 2017 年"人工智能:智能机器,智能政策"(AI: Intelligent Machines, Smart Policies)国际会议,经合组织一直尝试在人工

[①] 联合国教科文组织与世界科学知识与技术伦理委员会:《机器人伦理初步报告草案》(*Preliminary Draft Reports of COMEST on Robotics ethics*),2016 年 8 月,https://unescoblob. blob. core. windows. net/pdf/UploadCKEditor/REPORT% 20OF% 20COMEST% 20ON% 20ROBOTICS% 20ETHICS% 2014.09.17. pdf。

智能政策方面有所建树。该建议书强调对可信赖人工智能的有效管理，提出五项互补原则：包容性增长，可持续发展和福祉；以人为本的价值观和公平；透明度和可解释性；稳健和安全；问责制。

同时，为贯彻这些原则提供了五项具体建议，该份文件提出：投资人工智能研究与开发；为人工智能培养数字生态系统；为人工智能塑造有利的政策环境；加强人力资源转型；可信赖人工智能的国际合作。

二　政府

（一）美国

1. 人工智能的整体战略

美国是首个将人工智能上升到国家战略层面的国家，提出了由联邦政府参与、主导 AI 标准的系统性计划。[①] 并且，美国成立了 AI 特别委员会，专门为政府提供人工智能方面的建议。[②] 美国的人工智能政策侧重于鼓励和促进产业发展，重视发挥市场主导作用，鼓励企业创新。

2016 年 5 月，美国白宫成立"人工智能和机器学习委员会"，协调人工智能领域的政策和活动。

2016 年，美国政府以及智库机构发布了多份人工智能相关报告。美国白宫发布《国家人工智能研究和发展战略计划》。[③] 该份报

---

① White House: Artificial Intelligence for the American People. https://www.whitehouse.gov/ai/（last visited Jan. 5, 2021）.

② White House: Summary of the 2019 White House Summit OnArtificial IntelligenceIn Government. https://www.whitehouse.gov/wp-content/uploads/2019/09/Summary-of-White-House-Summit-on-AI-in-Government-September-2019.pdf

③ [美] 美国国家科学技术委员会：《国家人工智能研究和发展战略计划》（2016 年版）(*The National Artificial Intelligence Research and Development Strategic Plan*: 2016), 2016 年 10 月, https://www.nitrd.gov/pubs/national_ai_rd_strategic_plan.pdf。

告是世界首个国家层面的人工智能发展战略报告。报告提出五个安全战略以确保人工智能系统的安全：提高可解释性和透明度、建立互信、增强核实和验证、形成安全攻略、长期维持和调整。美国总统行政办公室与美国国家科学与技术委员会联合发布报告《为人工智能的未来做好准备》，①详细分析了人工智能的发展现状、应用趋势以及可能存在的社会和公共政策问题，并认为联邦政府应当优先发展人工智能的基础和长期项目，私营企业应当成为技术研究和进步的主力。美国总统行政机构推动发布了《人工智能、自动化和经济》报告。②该份报告专门就《为人工智能的未来做好准备》中的经济和就业问题进行分析。

2019年10月31日，美国联邦政府独立咨询机构国防创新委员会（Defense Innovation Board）发布报告《人工智能原则：国防部人工智能应用伦理的若干建议》③，这是美国智库关于人工智能与国家安全方面的研究报告。该报告提出了基于国防安全的人工智能伦理原则，包括负责任（人类保留适当的判断能力并对国防部人工智能系统承担责任）、公平公正（避免偏见）、可溯源（保证透明度和可审计）、可信赖（易于理解、充分界定、使用安全）和可控（能够防止意外伤害或干扰，在冲突升级或其他情况下能够自动下线或者停止）五个方面。对于上述五项原则，国防部创新委员会又提出了

---

① ［美］美国国家科学技术委员会：《为人工智能的未来做好准备》（*Preparing for the Future of Artificial Intelligence*），2016年10月，https：//cra. org/ccc/wp-content/uploads/sites/2/2016/11/NSTC_ preparing_ for_ the_ future_ of_ ai. pdf。

② ［美］美国总统行政机构：《人工智能、自动化和经济》（*Artificial Intelligence, Automation, and the Economy*），2016年12月，https：//obamawhitehouse. archives. gov/sites/whitehouse. gov/files/documents/Artificial-Intelligence-Automation-Economy. PDF。

③ ［美］美国国防部：《人工智能原则：国防部人工智能应用伦理的若干建议》（*AI Principles-Recommendations on the Ethical Use of Artificial Intelligence by the Department of Defense*），2019年10月，https：//media. defense. gov/2019/Oct/31/2002204458/-1/-1/0/DIB_ AI_ PRINCIPLES_ PRIMARY_ DOCUMENT. PDF。

十二项伦理准则实施措施，包括通过备忘录或政策正式确立原则；建立国防部范围内的人工智能指导委员会；支持人工智能工程发展；建立人工智能劳动力教育培训计划；加大人工智能安全领域的资源投入；提高人工智能的可再生产力；制定适当的可信赖度标准；提升人工智能测试和评估技术；根据伦理、安全、法律风险分类考量和管理人工智能应用；评估伦理原则及其指令的实施；扩大相关领域学术研究；召开年度会议听取多方意见。

2020年1月美国联邦政府发布了《人工智能应用的监管指南备忘录（草案）》①，为联邦政府监管人工智能应用提供具体指引，并强调要减少监管和非监管措施对于人工智能技术应用的障碍，大力促进技术创新。该份指南提出了十项监管原则，包括公众信任、公众参与、科研操守和信息质量、风险评估与管理、成本效益分析、灵活性、公平无歧视、披露与透明度、安全可靠、联邦机构间协调等。该份指南充分表现出美国在人工智能治理上强调鼓励技术创新、监管体系的科学性和灵活性的理念，以及将"不监管优位"②理念作为制度构建的出发点。

2020年，美国白宫科技政策办公室发布《美国人工智能倡议首年年度报告》③，明确提出：第一，增加研发投资，特别是通过实体合作促进政府对人工智能的研发投资。第二，释放人工智能资源，重要途径是政府数据的访问、利用和价值挖掘。2019年白宫行政管

---

① ［美］美国白宫管理和预算局：《人工智能应用监管指南备忘录（草案）》（*Guidance for Regulation of Artificial Intelligence Applications* (*draft*)），2020年1月，https：//www.whitehouse.gov/wp-content/uploads/2020/01/Draft-OMB-Memo-on-Regulation-of-AI-1-7-19.pdf。

② 美国联邦政府在该份监管指南中指出，对于人工智能应当将不监管作为首要选项和出发点，而不是将监管作为政策出发点。对于既有监管充分有效，或者实施新监管不符合成本效益分析，应当选择不监管或者采用非监管措施。

③ ［美］美国白宫科技政策办公室：《美国人工智能倡议首年年度报告》（*American Artificial Intelligence Initiative: Year One Annual Report*），2020年2月，https：//www.nitrd.gov/nitrdgroups/images/c/c1/American-AI-Initiative-One-Year-Annual-Report.pdf。

理和预算局所制定的《联邦数据战略》①就是推动促进联邦机构使用和管理数据的原则指南和实践框架。第三，清除创新障碍，减少人工智能技术开发、测试、部署、应用的障碍，推动制定适当的技术标准。第四，培育相关劳动力，特别是通过学徒制赋能劳动者，增加相应的就业机会。第五，改善国际环境，参与人工智能相关的国际事务，打开产业市场，维持技术优势。第六，使用可信人工智能。美国总务管理局（The General Services Administration）建立人工智能卓越中心（AI Center of Excellence）以确保人工智能的应用符合最佳实践。

2. 美国算法治理的特殊规定

美国同样强调"算法责任"对于人工智能治理的重要作用。美国《2019年算法责任法案》②提出"自动决策系统影响评估"（Automated Decision System Impact Assessment）③，具体包括：一是关于自动决策系统的详细描述；二是评估成本效益，包括数据最小化、保存期限、用户可获得的信息、结果修正及其限度、结果接受者；三是评估隐私或用户个人信息安全因自动决策系统所承受的风险，以及自动决策系统可能产生或促成不准确、不公平、有偏见或歧视的风险因素；四是降低第三项风险的保障措施。与此同时，法案还提出了"数据保护影响评估"（Data Protection Impact Assessment）

---

① ［美］美国白宫管理和预算局：《联邦数据战略》（*Federal Data Strategy*），2019年9月，https：//strategy. data. gov/assets/docs/draft-2019-2020-federal-data-strategy-action-plan. pdf。

② ［美］美国国会：《2019年算法责任法案》（*Algorithmic Accountability Act of 2019*），2019年4月，https：//www. congress. gov/bill/116th-congress/house-bill/2231。

③ 相应的，该法案对于相关概念同样进行了厘清，例如"自动决策系统"（AUTOMATED DECISION SYSTEM）是指，包括机器学习、统计或其他数据处理或人工智能技术派生在内，能作出决策或帮助人们作出决策并影响用户的计算程序；"自动决策系统影响评估"（AUTOMATED DECISION SYSTEM IMPACT ASSESSMENT）是指，为使准确性、公平性、偏见、歧视、隐私以及安全所受影响最小，对自动决策系统以及自动决策系统的开发过程，包括自动决策系统的设计和训练数据在内所进行的研究评估。

方案,即信息系统对隐私保护程度和对该系统所处理的个人信息安全保护程度的研究评估。

然而值得注意的是,该项法案所规定的两种评估方案并非适用于所有的自动决策系统或信息系统,而是基于利益平衡的考虑分别针对"高风险自动决策系统"或"高风险信息系统"。

高风险自动决策系统的判定依据包括:

第一,综合考量其使用技术的新颖性以及该自动决策系统的性质、范围、背景和目的。判断是否存在使隐私和用户个人信息安全承受重大风险,或有产生或促成不准确、不公平、有偏见或歧视性的影响用户决定的重大风险的情形。

第二,基于对用户系统、全面的分析,作出决策或帮助人们作出决策,包括尝试分析或预测人们生活的敏感内容,例如工作表现、经济状况、健康、个人喜好、兴趣、行为、位置或行动等,这些敏感内容会对人们的合法权益或其他方面产生重大影响。

第三,涉及大量有关种族、肤色、民族、政治观点、宗教、工会身份、基因数据、生物识别数据、健康、性别、性别认同、性、性取向、刑事定罪或逮捕等个人信息。

第四,系统地监控一个大型的、向公众开放的物理场所。大规模监控会从公共区域收集大量敏感的个人信息,通过深度算法分析与数据挖掘能力可能会形成对公民生活安宁的侵扰和对公民隐私的窥视。

(二)欧盟

欧盟从2018年开始构建出一条较为明确的人工智能战略时间表(详见图2-2),路径强调建立与人工智能发展和应用相适应的法律和伦理框架,特别是完善人工智能相关的立法,通过制度创新激发人工智能技术发展创新。

欧洲人工智能战略时间

2018年春
- 委员会通过《人工智能通讯》
- 开始进行可解释人工能试点项目

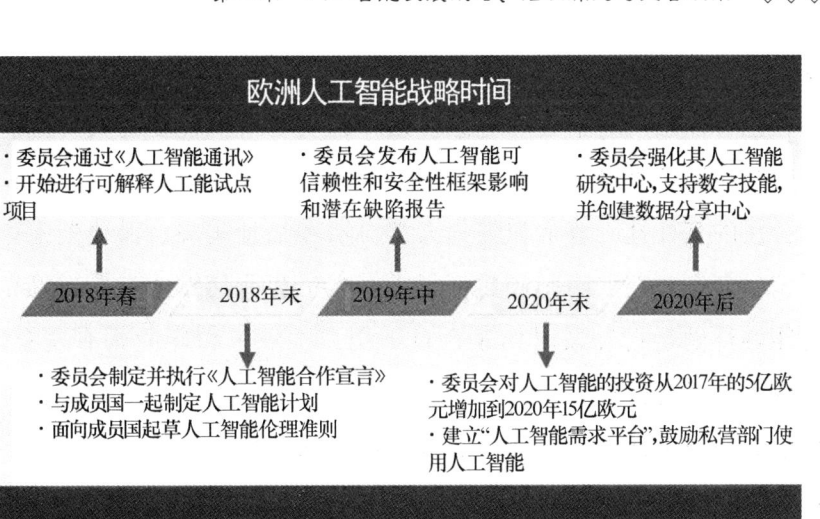

2018年末
- 委员会制定并执行《人工智能合作宣言》
- 与成员国一起制定人工智能计划
- 面向成员国起草人工智能伦理准则

2019年中
- 委员会发布人工智能可信赖性和安全框架影响和潜在缺陷报告

2020年末
- 委员会对人工智能的投资从2017年的5亿欧元增加到2020年15亿欧元
- 建立"人工智能需求平台",鼓励私营部门使用人工智能

2020年后
- 委员会强化其人工智能研究中心,支持数字技能,并创建数据分享中心

图2-2 欧洲人工智能战略时间

2018年4月,欧盟委员会通过《人工智能通讯》。① 该份文件的目标在于提高欧盟在人工智能领域的技术能力和工业能力,推动欧洲人民为人工智能时代做好准备,以及确保建立适当的道德和法律框架。②

2018年4月25日,欧盟委员会制定欧盟人工智能(AI)愿景,设立AI高级专家组(High-Level Expert Group on Artificial Intelligence,AI HLEG)。

1. 欧盟《可信赖人工智能伦理指南》

2019年4月发布《可信赖人工智能伦理指南》③,提出十项基本

---

① 欧盟委员会:《人工智能通讯》(*Communication Artificial Intelligence*),2018年4月,https://digital-strategy.ec.europa.eu/en/library/communication-artificial-intelligence-europe。

② Shaping Europe's digital future. https://ec.europa.eu/digital-single-market/en/news/communication-artificial-intelligence-europe(last visited Jan. 5, 2021).

③ 欧盟委员会:《可信赖人工智能伦理指南》(*Ethics Guidelines for Trustworthy AI*),2019年4月,https://digital-strategy.ec.europa.eu/en/node/1950/printable/pdf。

要求：通过可追责机制管控良好的人工智能；实现科学的数据治理；包含以用户为中心的普惠性设计；实施不同程度的人工智能系统管控；避免直接或间接的歧视、偏见、边缘化或不公平竞争；保护公民的多样性，尊重和强化人类自治和福祉实现；保证人工智能系统生命全周期的隐私和数据保护；人工智能的算法安全、可靠并且能够稳健运行和及时纠正；对于用户、资源和环境具有安全性；降低信息不对称程度，提高人工智能系统的透明性。对此，报告提出了五项技术性方法和七项非技术性方法。技术性方法包括：将伦理和法律纳入人工智能系统本身的设计之中；通过设立可信 AI 的架构规则控制或监控智能代理行为；测试和验证系统及其运行；记录系统决策及其流程以备追溯和审计；系统具有可解释性。确保实现可信 AI 的非技术性方法包括：监管和追责标准化；落实伦理问题的管理主体；与利益攸关方签署指南或行为守则等文件；普及和教育伦理观念；设立开放讨论促进各方沟通；维护系统的包容和多元性。

2. 欧盟《可信赖人工智能的政策和投资建议》

2019 年欧盟人工智能高级别专家组发布的《可信赖人工智能的政策和投资建议》① 认为，第三次数字化浪潮的特点正是人工智能技术的应用，"可信赖和以人为本"是人工智能的未来愿景。人工智能既可以增进人类的福祉，也可能会带来风险和危害。该报告的主要内容包括两个方面：第一，推动可信赖人工智能在欧洲产生积极影响，包括赋能和保护人类和社会，并且推动私营部门转型，为公共部门领域提供可持续增长和创新的动力，确保世界一流的研究

---

① 欧盟人工智能高级专家组：《可信赖人工智能的政策和投资建议》（*Policy and Investment Recommendations for Trustworthy AI*），2019 年 6 月，https://digital-strategy.ec.europa.eu/en/node/1694/printable/pdf。

能力；第二，利用有利因素实现可信赖人工智能，包括构建数据和基础设施，发展人工智能的教育和技能培养，建立适当的人工智能治理和监管框架，促进人工智能的投资和融资。

3. 欧盟《人工智能白皮书：通往卓越和信任的欧洲之路》

2020年2月19日欧盟委员会发布《人工智能白皮书：通往卓越和信任的欧洲之路》[1]。白皮书旨在促进人工智能的使用以及解决新技术的风险[2]。

白皮书的目标在于：将欧洲的技术和产业优势与数字基础设施以及符合其基本价值观的监管框架相结合，以使欧盟成为数据经济及其应用创新的全球领导者。白皮书提出，人工智能主要能够带来三个方面的裨益：增益公民、发展产业、服务公益，但是同时也存在着包括决策不透明、歧视、隐私侵犯甚至用于犯罪等风险。

在监管框架方面，白皮书指出：欧盟的人工智能政策开始从伦理规范向监管措施转变，特别是通过完善监管架构防范自动化决策不透明、算法歧视、隐私侵犯、犯罪行为等风险。其监管框架主要包括五个方面：第一，分类监管，即针对高风险的人工智能进行监管。高风险需要满足两个标准：在特定领域应用人工智能存在发生重大风险的可能和在该特定领域内根据应用的方式存在重大风险，具体的判断标准留待未来细化。白皮书指出只要为特定目的使用人工智能系统被认定为高风险就应当受到监管。第二，高风险人工智能的强制性要求。新监管框架包括训练数据、数据记录、信息提供与透明度、安全可靠与准确无误、人类监督和干预五项高风险人工智能的法律要求。第三，延续《通用数据保护条例》（GDPR）的长

---

[1] 欧盟委员会：《人工智能白皮书：通往卓越和信任的欧洲之路》（*White Paper on Artificial Intelligence—A European Approach to Excellence and Trust*），2020年2月，https://ec.europa.eu/info/sites/info/files/commission-white-paper-artificial-intelligence-feb2020_en.pdf。

[2] 截至本报告完成之日2020年5月1日，该报告仍处于征求意见阶段。

臂管辖规则。在欧盟境内提供 AI 相关产品或服务的所有相关主体都需要受到监管，遵守关于高风险人工智能的强制性规定。第四，建立全面的监管机制。加强事前、事中、事后各个环节的合规检测和应用测试。第五，监管范围之外的人工智能系统可以选择遵守强制性要求或者建立自愿认证机制，获得质量标签以激励行业实现合规。

另外，《人工智能白皮书：通往卓越和信任的欧洲之路》提出构建可信生态系统和卓越生态系统。前者以构建可信赖与安全的人工智能监管框架为当务之急。后者的内容包括：第一，成员国合作。欧盟委员会于 2018 年 4 月通过关于人工智能的战略，2018 年 12 月提出协同计划以促进欧洲人工智能的发展和使用。第二，努力凝聚研究和创新社群，建立协同效应网络，改变目前分散的能力中心格局。为此，欧洲委员会拟协助建立卓越中心和检测中心，并且通过巨额拨款以支持这一行动。第三，培养能力，借助顶尖高等学府组成的"数字欧洲计划"网络。第四，关注中小企业，加大投资。第五，建立广泛的公私合作伙伴关系。第六，推动公共部门应用人工智能。第七，确保对数据和计算基础设施的访问。第八，推动国际合作与交流。

4. 欧盟算法治理

欧盟对于人工智能治理的基本理念是，在可规制的框架下寻求对创新的激励。在 2018 年 2 月发布的《用于监管目的的自动化个体决策和人物画像之指南》[①] 中，欧盟委员会专门就自动化个体决策问题发布指南。其中对于人工智能而言最为重要的就是，该指南回

---

① 欧盟委员会：《用于监管目的的自动化个体决策和人物画像之指南》（*Guidelines on Automated individual decision-making and Profiling for the purposes of Regulation*），2018 年 2 月，https://ec.europa.eu/newsroom/article29/item-detail.cfm?item_id=612053。

答了人工智能深度学习是否适用《通用数据保护条例》（GDPR）引言部分所出现的，所谓的"自动决策的可解释权"问题（the right to explanation of automated decision），即当数据主体对自动化决策不满意时，可以要求人工干预、发表意见、获取对相关自动化决策的解释。该指南明确指出，数据控制者应该找到简单的方法来告诉用户自动化决策背后的原理或者决策依据。《通用数据保护条例》要求数据控制者提供与自动化决策"所涉逻辑"（logic involved）相关的有效信息（Meaningful information），这些信息应当足够全面以便数据主体能够了解，但并不必然要解释复杂的算法。

（三）日本

日本的人工智能战略发布时间较早，对人工智能治理原则的探索较为详细。

2016年4月，日本就宣布成立人工智能技术战略委员会以推动"研究和发展目标以及人工智能产业化的路线图"。该路线图根据日本的工业化发展规定了"AI技术应用—AI技术公共事业—AI生态系统"的人工智能发展进路。[①] 2017年2月，日本人工智能学会（JSAI）发布的《日本人工智能学会伦理准则》[②] 提出九项准则：为人类做贡献、遵纪守法、尊重隐私、维护公平、确保安全、诚实守信、承担责任、促进沟通、全员遵守。2018年7月17日，日本总务省人工智能网络协会发布《人工智能应用原则草案》[③]，提出十项

[①] ［日］人工智能技术战略委员会：《人工智能技术战略》（Artificial Intelligence Technology Strategy），2017年3月，https：//ai-japan.s3-ap-northeast-1.amazonaws.com/7116/0377/5269/Artificial_ Intelligence_ Technology_ StrategyMarch2017.pdf。

[②] ［日］日本人工智能学会伦理委员会：《日本人工智能学会伦理准则》（The Japanese Society for Artificial Intelligence Ethical Guidelines），2017年2月，http：//ai-elsi.org/wp-content/uploads/2017/05/JSAI-Ethical-Guidelines-1.pdf。

[③] ［日］日本总务省：《人工智能利用原则草案》（Draft AI Utilization Principles），2018年7月，https：//www.soumu.go.jp/main_ content/000581310.pdf。

人工智能应用原则，包括正确利用原则、数据质量原则、合作原则、安全原则、保障原则、隐私原则、人的尊严和个人自主原则、公平原则、透明度原则和问责原则。

（四）英国

2016年10月，英国下议院科学和技术委员会发布关于人工智能和机器人技术的报告，认为人工智能的发展可能会带来潜在的伦理道德和法律风险问题，主张政府监管介入机器人技术和人工智能系统的发展，建立领导体制，保持公众对政府的信任。2018年英国政府发布《人工智能领域行动》①，文件，包含推动研发、STEM教育投资、升级数字基础设施、培养AI人才和道德伦理规范等方面的内容。

（五）新加坡

2017年5月，新加坡国家研究基金会（NRF）发布《新加坡人工智能战略》②，提出四个关键倡议：第一，"基础AI研究"投资能为《新加坡人工智能战略》做贡献的科学研究；第二，"重大挑战"支持创新解决主要挑战的多学科团队研究，特别是健康、城市和金融领域；第三，"100个实验"投资可扩展至工业AI问题的研究；第四，"AI学徒期"用于人才培养。2018年6月，新加坡政府又发布《AI治理和伦理的三项倡议》③，主张设立AI和数据道德使用新咨询委员会。

---

① ［英］英国商业、能源和产业部与数字、文化、媒体和体育部：《人工智能领域行动》（*Artificial Intelligence Sector Deal*），2018年4月（最新版本：2019年5月），https：//www.gov.uk/government/publications/artificial-intelligence-sector-deal/ai-sector-deal。

② ［新加波］新加坡国家研究基金会：《新加坡人工智能战略》（*AI Singapore*），2017年5月，https：//www.aisingapore.org/。

③ ［新加波］新加坡咨询通信媒体发展管理局：《AI治理和伦理的三项倡议》（*Artificial Intelligence Governance and Ethics Initiatives*），2018年6月，https：//www.imda.gov.sg/-/media/Imda/Files/About/Media-Releases/2018/2018-06-05-Fact-Sheet-for-AI-Govt.pdf？la＝en。

（六）加拿大

2017年3月，加拿大联邦政府发布《泛加拿大人工智能战略》①，提出拨款1.25亿加元用于人工智能的研究和人才培养。因此，加拿大的人工智能战略更主要体现为人才战略。

（七）澳大利亚

2017年11月，澳大利亚政府创新与科学处（ISA）发布创新发展路线图《2030年澳大利亚：创新获致繁荣》②，提出将AI作为澳大利亚《国家数字经济战略》③的优先考量对象。

（八）丹麦

2018年1月，丹麦政府发布《丹麦数字技术增长战略》④，将目标定为使丹麦企业成为最善于利用数字技术的企业、具备实现业务数字化转型的最佳条件、确保每个丹麦人都具备必要的数字技术进行竞争三个方面。该战略提出建设丹麦数字枢纽中心、制定中小企业的数字技术计划以及促进数字技术的全国性技术契约倡议等具体举措。

（九）印度

2018年6月，印度国家研究院发布《国家人工智能战略》⑤，

---

① ［加］加拿大政府：《泛加拿大人工智能战略》（Pan-Canadian Artificial Intelligence Strategy），2017年3月，https：//cifar.ca/ai/。

② ［澳］澳大利亚创新与科学处：《2030年澳大利亚：创新获致繁荣》（Australia 2030 Prosperity through innovation），2017年11月，https：//www.industry.gov.au/sites/default/files/May%202018/document/pdf/australia-2030-prosperity-through-innovation-full-report.pdf? acsf_ files_ redirect。

③ ［澳］澳大利亚政府：《国家数字经济战略》（Digital Economy Strategy），2011年5月，https：//apo.org.au/sites/default/files/resource-files/2011-05/apo-nid227751.pdf。

④ ［丹］丹麦政府：《丹麦数字化增长战略》（Strategy for Dennmark's Digital Growth），2018年1月，https：//eng.em.dk/media/10566/digital-growth-strategy-report_ uk_ web-2.pdf。

⑤ ［印度］印度国家转型研究院：《国家人工智能战略》（National Strategy for Artificial Intelligence），2018年6月，https：//niti.gov.in/writereaddata/files/document_ publication/NationalStrategy-for-AI-Discussion-Paper.pdf。

认为人工智能发展的核心方法为"AI for All",并关注如何利用 AI 促进经济增长和社会包容。该战略重点提出了新的 AI 卓越研究中心将侧重基础研究,并且作为国际 AI 转型中心的技术提供者,会优先考虑 AI 在医疗保健、农业、教育、智能城市和智能移动领域的应用。该战略主张在 AI 卓越研究中心和国际 AI 转型中心都建立道德委员会,制定有关隐私、安全和道德的行业特定准则,将印度打造成一个人工智能库,进一步将印度的经验推广到其他发展中国家。

（十）小结

从上文的梳理可以发现,欧盟和美国代表了两种不同的人工智能监管模式。欧盟的模式更加强调通过规则的建立,在整个欧洲地区形成统一的规范体系,旨在达到规模效应,避免分裂的单一市场,推动欧洲各国在人工智能上形成协同。并且在具体规则上更加依赖于监管手段的实施,这亦是延续了 GDPR 的立法模式。日本、新加坡等国对人工智能的监管与欧盟更相近,都是通过原则和准则的制定完善,尽可能地平衡人工智能的规范与发展之间的关系。而美国更加强调市场对于产业激励和技术创新的作用,甚至为人工智能应用创设"安全港"、监管例外、监管豁免等制度,更加侧重运用科学审慎监管、风险评估与管理、成本效益分析等治理工具,灵活性较高。加拿大、澳大利亚更强调对人工智能产业的激励,谋求未来在人工智能上的国际优势。

三 行业组织

各国政府之外,行业自律同样在人工智能治理中发挥着重要的作用。

亚马逊、谷歌、脸书、IBM 和微软共同创建人工智能联盟（Partnership on AI），旨在解决人工智能在道德层面可能产生的伦理问题。人工智能联盟的主要路径包括三个方面：一是协同治理，分享最佳实践指导技术的开发和应用；二是重点解决人工智能系统中的公平性和透明度问题，避免歧视和偏见的产生；三是人机互动，协同发展，平等解决人工智能系统中产生的道德问题。

2017 年，近千名人工智能行业的专家联合签署"阿西洛马人工智能 23 条原则"[①]，旨在确保人工智能系统的安全，保障人类的共同利益。阿西洛马人工智能原则包括科研问题、伦理和价值问题、长期问题三个主要方面。其中，科研问题包含的 5 条原则是：研究以创造有益人类而非不受人类控制的人工智能为目的；研究经费中应当有部分用于研究如何确保有益地使用人工智能；在科学和政策的关系中寻求有建设性的、有益的交流；培养合作、信任与透明的人文研究文化；在安全标准上应当积极合作、避免竞争。伦理和价值问题包含 13 条原则，包括安全、故障透明、司法透明、责任、价值归属、人类价值观、个人隐私、自由和隐私、利益分享、共同繁荣、人类控制、非颠覆性、禁止 AI 军备竞赛。长期问题包含 5 条原则，包括能力警觉、重要性意识、风险预计、递归性自我提高、公共利益的共识。

四　研究机构

各国在人工智能治理方面还有一个突出的特点，即研究机构在

[①] 2017 年 1 月，在加利福尼亚州阿西洛马举行的 Beneficial AI 会议上，由"生命未来研究所"牵头制定，近千名人工智能和机器人领域的专家，联合签署了"阿西洛马人工智能 23 条原则"，呼吁全世界在发展人工智能的同时严格遵守这些原则，共同保障人类未来的伦理、利益和安全。参见 Asilomar Ai Principles. https：//futureoflife.org/ai-principles/。

治理的实践和探索中发挥着重要的作用，产出了大量优秀研究成果。

2016年10月，美国150位研究专家完成了《2016年美国机器人发展路线图：从互联网到机器人》报告。该报告在对机器人制造业、供应链、相关服务以及可能产生的问题等方面进行分析的基础上，提出包括制定政策框架、鼓励产业投入、增加STEM教育等方面的建议。①

2018年11月19日，由国际组织Access Now发布的《欧洲人工智能监管建议》②提出了欧洲在人工智能监管原则上的建议。

在2018年12月10日美国民调机构皮尤研究中心（Pew Research Center）的调查报告《人工智能与人类未来》中，就人工智能治理问题，受访者们主要提出了三种具体方案：一是加强跨国界的、利益攸关方团体的合作；二是制定政策帮助人类确保技术符合社会和道德责任，确保人工智能由人类掌控并造福人类；三是改善经济和政治体制，让人类在与人工智能的竞争中保持独特优势。③

2019年2月，欧洲政策研究中心（CEPS）发布了《人工智能的伦理、治理和政策挑战》报告，认为人工智能系统应当坚持三个方向：人机互补，同时辅以适当的法律系统；责任和可信，人工智

---

① ［美］加州大学圣迭戈分校、卡耐基梅隆大学、耶鲁大学等19所美国高校：《美国机器人发展路线图：从互联网到机器人（2016年版）》（*A Roadmap for US Robotics：From Internet to Robotics（2016 Edition）*），2016年10月，https：//cra.org/ccc/wp-content/uploads/sites/2/2016/11/roadmap3-final-rs-1.pdf。

② Access Now：《欧洲人工智能监管建议》（*Mapping Regulatory Proposals for Artificial Intelligence in Europe*），2018年11月，https：//www.accessnow.org/cms/assets/uploads/2018/11/mapping_regulatory_proposals_for_AI_in_EU.pdf。

③ ［美］美国皮尤研究中心：《人工智能与人类未来》（*Artificial Intelligence and the Future of Humans*），2018年12月，https：//www.pewresearch.org/internet/2018/12/10/artificial-intelligence-and-the-future-of-humans/。

能需要应对偏见和价值问题；可持续性，包括人工智能对社会可持续性和环境可持续性两个方面的影响。①

毕马威在2019年发布的《人工智能促进企业转型》报告中，提出内容治理是重点。内容治理又包括设计部署人工智能系统的标准程序、具备适当的信任和透明度、建立人工智能系统的责任制度、培训劳动力。报告认为强有力的治理是人工智能建立信任和信誉的基础。②

---

① 欧洲政策研究中心：《人工智能的伦理、治理和政策挑战》（*Artificial Intelligence：Ethics, governance and policy challenges*），2019年2月，https：//ec. europa. eu/jrc/communities/sites/default/files/ai_ tfr. pdf。

② 毕马威：《人工智能促进企业转型》（*AI Transforming the Enterprise*），2019年9月，https：//advisory. kpmg. us/content/dam/advisory/en/pdfs/2019/8-ai-trends-transforming-the-enterprise. pdf。

第 三 章

人工智能应用场景与规制探索

人工智能治理是以具体的实践场景为基础的，亦即人工智能需基于不同的应用场景形成具有针对性的分类监管。在这一方面，各国涌现出了大量治理规则的探索，为我们提供了有益的制度借鉴。

第一节 金融领域的人工智能应用

一 场景应用与核心关切

金融领域与人工智能在数据和技术两个层面都具有天然的高度契合性，能够为海量数据积累、数据挖掘、机器学习等提供基础。信息技术在一定程度上带动了传统商业咨询模式的转变，金融机构开始尝试提供数字化和自动化的咨询服务从而达到节约成本、提高效率的目的。

1. 金融科技的爆发

金融科技（Fintech）的崛起和发展具有深刻的经济和技术背景。Fintech 是 Finance 和 Technology 的合成词，源于 20 世纪 90 年代花旗银行发起的"金融服务技术联盟"（Financial Services Technology Consortium）。

什么是金融科技？对此，目前主要存在两种模式的解读：

第一种是科技论，认为金融科技的本质是一种科学技术。例如牛津词典将金融科技定义为支持金融服务的电脑程序或其他科技，我国台湾地区将其定义为利用科技为金融机构提供支持性信息数据服务以及效率或安全性提升服务等创新金融服务的行业。①

第二种则是从金融业务的角度切入的界定，认为金融科技的定义可以分为狭义说和广义说：（1）狭义说认为金融科技是金融和科技相结合的业务模式，如移动支付、数字货币、智能投顾等。美国商务部就将金融科技企业定义为"应用软件和科技来为客户提供金融服务的公司"；（2）广义说则认为金融科技既包括科学技术应用于金融业务所产生创新金融产品，也包括其所运用的技术本身。例如爱尔兰金融稳定委员会将金融科技定义为技术带来的金融创新，包括业务模式、应用、流程或产品。

（二）智能投顾的应用

1. 智能投顾的概念界定

智能投顾（Robo-Advisor）是在线投资管理服务的一种典型方式，是指以自动化、人工智能化或者机器人技术为工具，在线提供投资咨询服务、投资管理服务的投资咨询顾问。② 智能投顾产生于 2008 年，是金融服务与人工智能深度结合的应用产物。目前智能投顾尚未形成共识性定义。③

2015 年，美国证券交易委员会和证券业自律监管组织美国金融业监管局发布投资者提示，从广义上将智能投顾定义为自动化投资工具，包括例如个人财务规划工具、投资组合选择或资产优化服

---

① 廖岷：《全球金融科技监管的现状与未来》，《新金融》2016 年第 10 期，第 12—16 页。
② 未央网主编：《金融科技：变迁与演进》，机械工业出版社 2019 年版，第 285—290 页。
③ 澳大利亚采用"数字建议"（digital advice）一词指代智能投顾所提供的服务。2016年 8 月，澳大利亚证券与投资委员会 ASIC 发布的关于智能投顾的 255 号监管指引（Providing Digital Financial Product Advice to Retail Clients）中，采用"Digital Financial Product Advice"指代智能投顾，具体是指利用算法或相关技术为零售客户提供自动化金融建议而不涉及人类直接参与的金融服务。http://www.asic.gov.au/regulatory-resources/find-a-document/regulatory-guides/re-255-providing-digital-financial-product-advice-to-retail-clients.

务、线上投资管理程序等。①

根据艾媒咨询《2017年中国智能投顾市场专题研究报告》的结论：智能投顾是指利用云计算、智能算法、机器学习等技术，将现代资产组合理论应用到模型中，结合投资者个人财务状况、风险偏好和收益目标，为投资者提供最佳投资组合。②

维基百科认为，智能投顾是财务顾问的一种，通过算法在线上提供理财建议或投资管理服务，配置、管理和优化客户资产，尽可能降低人为干预的因素。③ 2017年2月美国证监会发布的《智能投顾合规监管指南》中指出，智能投顾是指基于网络算法的程序，为客户提供全权委托的账户管理服务的注册投资顾问。④

2. 智能投顾的发展历程

2008年国际金融危机之后，投资者对传统投顾行业的信任度开始降低，继而转向信息更为透明的自动化投顾服务，催生了众多智能投顾企业。为了节约投资基金的管理费用，许多投资人紧跟大盘指数进行投资，这一类以投资股票指数基金和交易所交易基金为典型的投资策略即为被动型投资。智能投顾的常见业务流程为，投资者填写在线投资咨询服务提供商所提供的问卷，根据投资者的投资偏好等因素，在线全部或部分自动化地为投资者提供专业的资产管理服务。以投资的最终决策权是在客户还是机器为分类依据，美国智能投顾行业可以分为半智能投顾和全智能投顾两种模式。智能投顾具有低门槛（可满

---

① FINRA, *Investor Alert: Automated Investment Tools*, https://www.finra.org/investors/alerts/automated-investment-tools（last visited Jan. 5, 2021）.
② 艾媒咨询：《2017年中国智能投顾市场专题研究报告》，2017年8月，report.idx365.com/艾媒/2017年中国智能投顾市场专题研究报告.pdf.
③ Wikipedia: Robo-advisor. http://en.wikipedia.org/wiki/Robo-advisor（last visited Jan. 5, 2021）.
④ ［美］美国证券交易委员会：《智能投顾合规监管指南》（*Guidance Update: Robo-Advisers*），2017年2月，https://www.sec.gov/investment/im-guidance-2017-02.pdf.

足中等及中等以下收入人群的投资需求)、人力成本和交易成本低廉、信息透明以及投资组合再平衡的四大优势。

3. 智能投顾的核心关切

智能投顾最为关切的问题就是合规。合规问题包括投资建议的适当性、投资者的适当性、网络安全等问题，还包括如何形成兼顾金融安全、金融公平和金融效率的智能投顾监管框架。混业经营趋势的增强需要金融科技具有更高的实践水平，同时也向监管机构提出了更高的要求。监管部门需要借助金融科技，及时了解金融机构的经营情况，掌握金融行业的实施风险，有效监测行业动态。加之人工智能的因素，监管机构还不得不面临如何提高监管的有效性、缓解监管者和被监管者之间的信息不对称问题等，以切实保护金融消费者的合法权益。

二 域外在规范体系上的探索

针对智能投顾设计的规范体系是各国金融科技监管的集中表现。在金融科技监管问题上，主要发达国家都在一定程度上借鉴了英国"监管沙盒"监管理念。例如，美国按照行业性质对金融科技进行划分，并纳入不同的法律监管体系；新加坡也实行了监管沙盒，严格监管金融产品的创新行为；澳大利亚重视监管技术和科技的结合，在金融监管机构中成立专门的金融科技监管小组。

具体到智能投顾的监管实践，目前，除了法国、荷兰和新加坡等国仍然在评估是否需要对智能投顾进行专门的特殊规定之外，主要发达国家在实践中一般采取专门立法和"直接适用＋特殊规定"两种规范模式。

（一）专门立法模式

加拿大和澳大利亚专门立法模式的代表。2015年9月，加拿大证券管理局（CSA）发布《投资组合管理机构提供在线投资建议的指引》（31—342号通知），要求就投资组合管理机构通过网络方式提供投资建议服务的注册和行为进行统一规定。2016年8月，澳大利亚证券与投资委员会（ASIC）发布《关于智能投顾的255号监管指引》对智能投顾服务作出了较为全面、具体的监管要求。①

（二）"直接适用+特殊规定"模式

"直接适用+特殊规定"模式是将现有监管规则直接适用于智能投顾业务的，并针对具体问题配以特殊规定的监管模式。目前包括美国、英国、日本、中国香港等国家和地区主要采用这种模式。其中，美国是智能投顾产业发展较为成熟、制度体系较为完善的国家。

2015年，美国证券交易委员会和证券业自律监管组织美国金融业监管局发布投资者警示。②

2016年，美国金融监管局发布智能投顾的创新监管指引，指出了三个监管重心：一是算法；二是KYC（Know Your Customer），特别是风险测评；三是组合建立的方法论和潜在的利益冲突。同时，美国金融监管局在指引中明确了投资管理价值链为KYC—资产配置—组合选择—交易—再平衡—税筹—组合分析。金融监管局是从功能角度来定义监管智能投顾，突出过程监管的重要性，审查新技术在投资管理价值链中的作用和影响。

2017年，美国证监会投资管理部在《1940年投资顾问法》的基础上，发布《智能投顾合规监管指南》。指南将智能投顾纳入投资顾

---

① ［澳］澳大利亚证券与投资委员会：《关于向个人客户提供数字金融产品建议智能投顾的255号监管指引》（*Providing Digital Financial Product Advice to Retail Clients*），2016年8月，https://asic.gov.au/media/3994496/rg255-published-30-august-2016.pdf。

② ［美］美国证券交易委员会：《投资者警示：自动化投资工具》（*Investor Alert: Automated Investment Tools*），2015年5月，https://www.sec.gov/oiea/investor-alerts-bulletins/autolistingtoolshtm.html。

问监管体系之内,并且根据业务特点在部分内容上加以额外的特别规定。特别规定涵盖以下内容:一是主体方面。美国智能投顾的主体为注册投资顾问,即提交基金管理人登记数据表并完成注册的投资顾问。《智能投顾合规监管指南》对于智能投顾主体准入的特别规定,事实上排除了根据《1940年投资顾问法》第203(b)条项下的豁免注册主体。① 原因在于,《1940年投资顾问法》第203(b)条项下的豁免注册主体能够获得豁免注册的原因在于其受众较小并且业务内容单一、金融风险较低。相较而言,智能投顾业务受众范围广,业务内容较为多样,加之人工智能技术和互联网大大加快了投资建议和决策的速度和效率,也提高了金融监管的难度,因此该类豁免注册主体不能作为智能投顾的主体。二是合规要求方面。《智能投顾合规监管指南》对智能投顾提出了较高的内部合规要求。《1940年投资顾问法》规定,每个注册的投资顾问主体都应当建立一个内部合规体系,以防范违反忠实义务和实际责任的风险。相应的,《智能投顾合规监管指南》规定,智能投顾公司必须任命至少一位具备投资顾问知识的专职合规人员负责内部合规管理的章程以及程序的制定和实施。②

2017年2月23日,美国证券交易委员会投资者教育和宣传办公室发布《投资者公告:机器人顾问》,希望投资者在选择智能投顾之前重点考虑以下问题,包括:人工交互量对投资者的重要性程度;向智能投顾提供的个人信息范围;智能投顾的投资方式;智能投顾的收费方式和相关费用;如何查询更多的信息。③

---

① 《1940年投资顾问法》第203(b)条:当事人是其主要营业地居民的顾问(只要该顾问不提供有关上市证券交易的咨询)、唯一用户为保险公司的顾问、用户不超过15个且既不对公众也不对投资公司提供服务而将自己视作顾问的几类投资顾问可取得豁免。
② [美]美国证券交易委员会:《智能投顾合规监管指南》(*Guidance Update*:*Robo-Advisers*),2017年2月,https://www.sec.gov/investment/im-guidance-2017-02.pdf。
③ [美]美国证券交易委员会投资者教育和宣传办公室:《投资者公告:机器人顾问》(*Investor Bulletin*:*Robo-Advisers*),2017年2月,https://www.sec.gov/oiea/investor-alerts-bulletins/ib_robo-advisers.html。

三 借鉴建议

金融领域的人工智能应用是金融科技监管的重要组成部分。从金融科技方面的监管实践，我们可以看出其监管目标一方面是为了减少科技创新可能引发的金融领域风险，另一方面是为了推动金融领域更好地与人工智能等新兴技术有效结合。金融科技监管强调各方主体责任的构建、完善基本规则、促进科技创新、加强国际合作、建立对网络和算法稳定性和安全性的信任等。上述监管要求同样适用于金融领域的人工智能应用，这对促进我国金融领域的人工智能应用有序发展具有重要的借鉴作用。

第一，通过法律界定的方式，明确金融科技监管的范围，完善金融监管相关的规则体系。金融科技的监管离不开我国特殊的金融监管框架。自2018年3月国务院机构改革方案公布后，我国明确了在金融监管体制改革中选择相对集中的"一行一委两会"综合监管模式。① 由于金融科技涉及不同的行业，所以需要明确不同监管部门的职责范围，形成协调交流机制以实现功能监管，而目前的综合监管模式无法彻底解决监管部门之间的协调和沟通问题。

第二，开发适应新技术语境的科技监管工具。传统金融监管方式对金融监管而言存在有效性和可行性的困境，因此未来需要在金

---

① 2018年3月国务院机构改革方案正式公布，计划撤销原中国银行业监督管理委员会和中国保险业监督管理委员会，合并两个监管部门为中国银行保险监督管理委员会，作为国务院直属事业单位对银行业和保险业实行统一监管，而将银行业、保险业重要法律法规草案和审慎监管基本制度的职责划入中国人民银行。2018年3月19日《中共中央关于印发〈深化党和国家机构改革方案〉的通知》："……将中国银行业监督管理委员会和中国保险监督管理委员会的职责整合，组建中国银行保险监督管理委员会，作为国务院直属事业单位。主要职责是依照法律法规统一监督管理银行业和保险业，保护金融消费者合法权益，维护银行业和保险业合法、稳健运行，防范和化解金融风险，维护金融稳定等。"

融科技的监管中探索和尝试新监管科技。一方面，可以积极利用人工智能、大数据等技术来提升监管科技的效能。监管科技的应用已经成为各国监管机构的共同取向，即充分利用大数据、人工智能、区块链、云计算等信息科学技术，提高监管部门的监管效率和监管效果，探索"用技术监管技术"。另一方面，形成金融科技的智能风险识别系统，推进监管数据的可视化管理和监测，充分关注金融科技的创新发展和风险演变。值得注意的是，这种金融监管技术的提升，不仅是技术应用层面的升级，而且体现在监管理念层面的转变。新监管理念注重培养和发展监管机构在技术人才队伍方面的优势，对于新的金融科技保持一种包容审慎的监管态度，旨在实现科技创新激励和金融安全保障之间的动态平衡。

第三，积极推进金融科技的区域和全球监管合作。技术带来的重要变化之一就是对物理空间的突破，金融科技也必然会突破一国一城的地理限制，开始呈现出泛区域化、泛全球化的趋势，区域内和全球化的金融科技活动愈发频繁。故而未来需要进一步推动在区域和全球范围内的金融科技监管合作。这些合作包括数据共享交流、监管标准借鉴、监管工具学习等方面。

第二节　知识服务领域的人工智能应用

一　场景应用与核心关切

（一）知识服务的发展

大数据技术为人们的知识展示和学习带来了新的组织原则。[①]

[①] 王知津等：《论知识组织的十大原则》，《国家图书馆学刊》2012年第4期。

在人工智能技术中,许多与人们生活密切相关的应用体现于知识服务方面。这些应用的核心技术基础是深度学习和知识图谱。知识图谱技术能够为人们提供一个新的视角,去探索一种知识互联的方法[1]以揭示人类认知的整体性和关联性。[2] 自 2012 年谷歌提出"知识图谱"(Knowledge Gragh,KG)概念以来,各领域对于知识图谱的应用尝试层出不穷。这些尝试主要集中在搜索与智能推荐、智能问答(客服机器人或者私人助理)、大数据分析等方面。

1. 智能搜索服务

传统搜索引擎是基于关键词提供服务,寻找对应的网页集合,再经过算法对集合内的网页进行排名后向用户展示。因此,用户仍然需要对所返回的网页进行筛选和信息过滤。然而基于知识图谱技术的搜索服务,是在已有的图谱知识库中进行查询,将所得知识向用户展示(详见图 3-1)。此种情况下,目标对象以及相关对象的信息返回结果往往更为精确,用户通常可以直接获得所需要的最终答案。

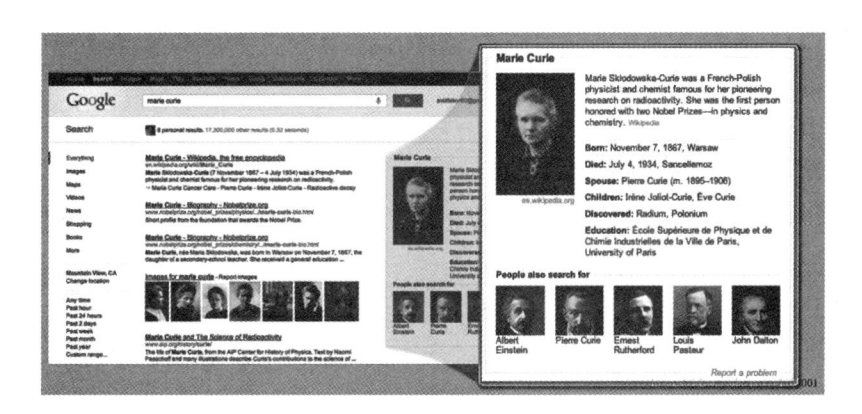

图 3-1 基于知识图谱的智能搜索服务示例

图片来源:Google Knowledge Graph。

---

[1] 索传军:《网络信息资源组织研究的新视角》,《图书馆情报工作》2013 年第 7 期。
[2] 钟翠娇:《网络信息语义组织及检索研究》,《图书馆学研究》2010 年第 17 期。

2. 智能推荐服务

智能推荐领域对知识图谱的应用是搜索服务的延伸。知识图谱发展之初也是为了解决搜索引擎存在的问题。智能问答与语义搜索类似，其在过程上先对用户所使用的自然语言进行语义分析，将自然语言转化为结构化语句后，再在知识图谱中进行查询。因此，许多人机之间通过自然语言进行的问答，其数据库都有海量知识图谱作为支撑。

3. 大数据分析

在大数据分析与决策的过程中知识图谱也是近年来人工智能在知识服务方面主要的应用场景之一。例如，大数据公司 Palantir 的主要业务就是通过知识图谱和语义技术增强信息之间的关联，为用户的数据挖掘和分析提供更加直观的图谱。

（二）知识服务的核心关切

从上文的应用场景可以看到，知识服务领域人工智能技术的应用基础是算法和数据。基于此，知识服务作为人类最为传统的思维领域，当这一领域渗入人工智能技术时，算法本身的安全性及其是否影响人类自主权问题自然会引起人们的关注。

1. 算法的应用风险

知识服务领域通常是较为纯粹的服务行为，较少涉及法律监管问题。但是在司法领域应用人工智能的知识服务则为一个例外。司法领域涉及对当事人的权利的再平衡。因此，人工智能在司法领域的应用可能有侵权的安全风险，产生无法估量的负面后果。

2. 算法对于人类基本理念的影响

算法的应用将在诸多领域对人类基本理念产生重大影响。例如在司法裁判领域，人工智能系统对于法官独立行使裁判权的影响一直备受关注。原因在于，并非所有的案件类型都适合应用人工智能。法律规则和裁判案件的要素化提取，虽然为人工智能在司法与法律知识图谱上的构建提供了可能，但是法律不同于工业科技，法律领域难以形成确定、明晰、固定的规则与特征。法律活动承载着法理念的本源价值（如自由、平等、正义、效率、秩序等），这是人类社会发展共同的追求与信仰。特别是作为元理念的人本主义理念，还蕴含了共生、和谐、发展的内涵。这些法律理念从古至今依托的都是人的理性，是"人们在法律实践中通过理性能力把握到的法的内在精神和普遍范型"。①法律理念虽然存在于实在法之中，但是具有绝对真理和形而上学的性质。②

二 域外探索

美国较为关注的问题是有关司法裁判过程中应用人工智能技术从而对案件公正可能带来的影响。基于这种担忧，美国选择将司法软件进行分类规制，并且明确相应的程序要件和归责路径。

美国《2019年司法算法中的正义法》对辅助司法的计算机软件进行了界定，明确了计算机司法软件（Computational Forensic Software）是指依赖自动化或半自动计算机的计算过程（包括机器学习、统计或其他数据处理或人工智能技术的派生程序）对证据进行处理、分析或解释的软件。这类软件必须经过全方面的评估，符合严格的标准。该项法案规定计算机司法软件需要测试的系统性能数据包括准确性、精度、可重复性、稳健性以及敏感性。③

---

① 李昌麒主编：《经济法理念研究》，法律出版社2009年版，第18页。
② 严存生：《论法的理念——兼论法哲学的研究对象》，郑永流主编：《法哲学与法社会学论丛》（二），中国政法大学出版社2000年版，第18—21页。
③ ［美］美国国会：《2019年司法算法中的正义法》（*Justice in Forensic Algorithms Act of 2019*），2019年9月，https：//www.congress.gov/bill/116th-congress/house-bill/4368/text。

三　借鉴建议

从国外的规则探索来看，我们需要对知识服务特殊领域的人工智能技术应用保持审慎态度。对于需要依托经验或形成价值判断的部分，应当审慎考虑人工智能的介入深度。

以司法领域的知识服务为例，有学者认为，人工智能技术会影响司法权行使的独立性。亦有学者提出，对于事实认定中的独立性事项（包括自由心证的适用、内心确信的判断、经验规则的运用、辩论全趣旨的审酌）以及法律适用领域中的独立性事项（包括狭义的民法解释、不确定性法概念的评价、权益冲突的衡量）的判断已然超出人工智能的能力范围，但是知识图谱技术仍然能够对这些方面提供数据与经验积累。①现阶段人类理性难以将抽象价值观念数据化、算法化，司法人工智能难以实现对复杂案件的理性科学判断。相比传统司法对于暗箱操作的有力监控和成熟控制，我们对司法人工智能的认识、利用和控制仍然行路漫漫，因此对于这一领域中的人工智能应用应当密切跟踪观察。

第三节　物联网技术的结合

一　场景应用与核心关切

（一）场景应用

物联网主要具备五类功能：感知现实世界；反馈或调控现实世

---

① 高翔：《人工智能民事司法应用的法律知识图谱构建——以要件事实型民事裁判论为基础》，《法制与社会发展》2018 年第 6 期。

界；与人交互；与其他设备交互、组网；支持其他设备运转。

第一，感知现实世界。物联网设备能够以数据形式观察、测量现实世界的特定侧面。基于传统信息技术的设备，通常不具备这一能力。物联网的相关实例很多。例如，近来引起广泛关注的"智能门锁"① 和"智慧门磁"，即可灵敏感知特定家户的出入情况②。

第二，反馈或调控现实世界。物联网设备可以改变现实世界的状态。③ 无人机、自动驾驶以及机器臂等，正是这一特性的实例。

第三，与人交互。物联网设备可以内置交互界面，与人实现多种形式的交互。例如，运动手环或手表通常备有触摸屏，部分智能音箱或家用机器人可以声控。此外，体感交互技术正由家用游戏向医疗、教育、商业等多个领域扩散④。

第四，与其他设备交互、组网。物联网设备可以相互彼此通讯，并组成网络。智能电网的运转和智能交通的调度，正是这一特性的典例⑤。

第五，支持其他设备运转。物联网设备能够为其他设备提供运行所需信息，并监控、调节其他设备的运行。这一点在智慧家居中多有体现。

物联网安全风险的特性和上述功能密切相关。物联网的功能不能充分实现本身就可能构成安全风险。同时，物联网的特定功能也是安全风险的源头。

---

① See FTC：Tapplock, Inc., In the Matter of https：//www.ftc.gov/enforcement/cases-pro-ceedings/192-3011/tapplock-inc-matter（last visited Jan. 5, 2021）.
② 相关报道很多。例如，可参见《每次开门皆可感知，松江区智慧门磁666》，搜狐网https：//www.sohu.com/a/373968711_120244154，最后访问时间：2021年1月5日。
③ Boeckl, Katie, et al., *Considerations for managing Internet of Things（IoT）cybersecurity and privacy risks*, US Department of Commerce, National Institute of Standards and Technology, 2019
④ 参见庞小月等《体感交互人因学研究回顾与展望》，《应用心理学》2014年第3期。
⑤ https：//cs.nju.edu.cn/lxie/IOT/Ch15.pdf.

（二）核心关切

1. 物联网安全风险的特性

物联网安全风险和传统意义下的安全风险有所差异，并且差异和功能密切相关。具体而言，物联网安全风险主要有以下四类彼此密切相关的特性：风险可能源起于现实感知；风险类型和概率难以完全预知；特定设备的风险可能向其他设备传导；风险的范围和幅度难以准确预知。

第一，风险可能源起于现实感知。比如，2018年，美国加利福尼亚州的特斯拉自动驾驶事故的成因之一就是车辆未能准确探测道路障碍。[1] 物联网设备应用日益广泛、感知信息的范围日益扩张，其所得信息以日益丰富的形式汇聚、处理。感知不准确所带来的风险，同样以越发复杂的形式贯穿于物联网应用的各环节。感知不准确还会阻碍对安全风险或安全攻击的及时应对，导致损害增加。因此，物联网安全风险较传统网络安全风险更复杂。

第二，风险的类型和概率难以完全预知。这既和感知层面不足有关，又和物联网如何与物理世界交互有关。物联网反馈、调控现实世界的形式十分多样，物联网和人交互的样态同样非常丰富。不同场景对应的风险类型和概率的差异均十分显著。同时，实际应用的物联网设备预先封装程度通常较高，供应链管理相对复杂。应用场景的丰富和设备的高度封装，在让全面预知风险变得更加困难的同时，也为有效监测、维护物联网设备，排除相应风险带来了挑战。[2]

第三，特定设备上的风险可能向其他设备传导。物联网设备

---

[1] Niraj Chokshi, *Tesla Autopilot System Found Probably at Fault in 2018 Crash*, https://www.nytimes.com/2020/02/25/business/tesla-autopilot-ntsb.html（last visited Jan. 5, 2021）.

[2] Boeckl, Katie, et al., *Considerations for managing Internet of Things (IoT) cybersecurity and privacy risks*, US Department of Commerce, National Institute of Standards and Technology, 2019.

可以和其他设备通讯、组网，进而支持其他设备运转。特定设备风险既影响网络中其他设备的功能，还可能直接导致所支持设备无法正常运行。对攻击者而言，攻击在网络中处于中心或在技术支持方面有重要作用的设备的收益较为可观。因此，不能忽视物联网设备间风险的传导问题。[①] 识别物联网风险需要完整审视相关设备，并考虑彼此间复杂的交互。这也提高了预知风险类型和概率的困难。

第四，风险的范围和幅度难以准确预知。这是以上三种特性的推论。风险可能源自感知层面，并贯通之后数据处理的各环节。加之特定设备的风险难以全面预知，且存在大范围传导的可能性。结果，风险波及的范围和对应损失的幅度难以准确把握。由于物联网的广泛应用，在以下多个层面，都有一定概率造成涉及面广、幅度大的损失：（1）侵害国家或公共安全；（2）造成人身安全或财产损失；（3）造成隐私权或其他个体权益的损失等等。

总之，物联网安全风险具有令人棘手的新特性，需结合相应特性和具体应用，提炼典型风险类别，给出相应方案。

2. 物联网安全风险的主要类型

当前，物联网的安全风险主要有三种类别：设备安全、信息安全和个人隐私。这三类风险均已引起监管层面的关切。

第一，设备安全。如果设备不能始终保障预期中的可用性，并造成相应损失，企业可能需要为此承担相应责任。例如，在美国的 Orange 诉 Ring 与亚马逊案，黑客在入侵本以"安全"作为核心特性的家用安

[①] Boeckl, Katie, et al., *Considerations for managing Internet of Things (IoT) cybersecurity and privacy risks*, US Department of Commerce, National Institute of Standards and Technology, 2019

全设施后，借助相应安全设备，频繁骚扰、恐吓、勒索设备用户，① 甚至恐吓用户："我就在你门外。"② 对此，用户提起巨额集体诉讼，称设施制造商违反合同，违背产品责任，销售有故障产品等等。③ 此外，设备安全可能直接影响企业的市值和公众形象。④

第二，信息安全。通常而言，对于物联网设备所传输信息，相应的访问和操作权限较为严格。超越权限的访问或操作，侵害相应信息的安全，同样可能导致企业担责。例如，美国智能门锁制造商Tapplock 未能妥善保存用户信息，导致相应信息为黑客所窃取。⑤ Tapplock 因此遭到美国联邦贸易委员会处罚。⑥ 此类风险也会对企业的市值和公众形象带来显著负面影响。

第三，个人隐私。严格而言，隐私风险从属于信息安全。但由于较之技术色彩突出的设备和信息安全，隐私风险通常依赖对用户"期待"的准确把握。因而实际应对更为复杂。加上隐私风险既是监管机构关注的重点，也是欧美诉讼频发的焦点问题。因此，有必要将隐私风险单列一类。⑦ 隐私风险，还会直接唤起用户的"恐惧"

---

① 参见 Orange 诉 Ring 与亚马逊案，https://www.documentcloud.org/documents/6593079-JOHN-BAKER-ORANGE-v-RING-LLC-and-AMAZON-COM-INC.html，最后访问时间：2021 年 1 月 5 日。

② 参见 Orange 诉 Ring 与亚马逊案，https://www.documentcloud.org/documents/6593079-JOHN-BAKER-ORANGE-v-RING-LLC-and-AMAZON-COM-INC.html，最后访问时间：2021 年 1 月 5 日。

③ 参见 Orange 诉 Ring 与亚马逊案，https://www.documentcloud.org/documents/6593079-JOHN-BAKER-ORANGE-v-RING-LLC-and-AMAZON-COM-INC.html，最后访问时间：2021 年 1 月 5 日。

④ Spanos, Georgios, and Lefteris Angelis. "The impact of information security events to the stock market: A systematic literature review", Computers & Security 58, 2016.

⑤ In Re Tapplock, Inc., https://www.ftc.gov/system/files/documents/cases/192_3011_tapplock_agreement_containing_consent_order.pdf。

⑥ In Re Tapplock, Inc., https://www.ftc.gov/system/files/documents/cases/192_3011_tapplock_agreement_containing_consent_order.pdf。

⑦ Boeckl, Katie, et al., Considerations for managing Internet of Things (IoT) cybersecurity and privacy risks, US Department of Commerce, National Institute of Standards and Technology, 2019.

或"愤怒"情绪。这一点对企业公众形象的影响尤为负面，也有可能冲击企业市值。① 要应对这一风险，既需考虑技术层面，还要对欧美近年来"隐私"观念的演变进行梳理，又要对用户的期待和心理作出回应。

总之，三类风险，均有可能引起法律责任和其他损失。

3. 法律和案例中的物联网安全风险

从近年来国外在法律层面的实践来看，物联网的优势恰恰是法律层面对物联网予以警惕的直接原因。美国联邦最高法院2018年的卡本特诉合众国案（*Timothy Ivory Carpenter v. United States of America*）鲜明体现了这一点，该案判决认为"对信息的感知和处理能深刻揭示个体""感知深入且广泛"和"感知自动化且难以完全避免"是严格保护相关信息的理据。② 物联网设备通常面临与传统信息技术设备相同类型的网络安全和隐私风险，但是在程度上有着较大区别。③ 在充分考量新风险特性的基础上，我们既要实现物联网技术特性，又要形成充分监管，消解用户担忧，是理解并应对制度层面新趋势的关键。

4. 典型的应用风险

案例一 生物信息识别中的新型风险

生物信息在物联网设备中得到广泛应用。指纹、声纹、掌纹、

---

① Chatterjee, Subimal, et al., "Reacting to the scope of a data breach: The differential role of fear and anger", *Journal of Business Research* 101, 2019.

② 对案件的具体判断标准仍有争议，此处采取的，是较权威说法之一，参见 Ohm, Paul, "The Many Revolutions of Carpenter", *Harv. JL & Tech* 32, 2018. 相应准则，对物联网的后续建设有相当深刻的影响。例如，以"智慧城市"为例的分析，请见 Ferguson, Andrew Guthrie. "Structural Surveillance", *Iowa Law Review*, Forthcoming。

③ NIST, Considerations for Managing Internet of Things (IoT) Cybersecurity and Privacy Risks, June 2019, https://nvlpubs.nist.gov/nistpubs/ir/2019/NIST.IR.8228.pdf.

虹膜、步态、血管、肛纹等生物信息，均已用于身份识别与验证。生物信息具有高度准确，不易篡改的优点。然而，生物信息也尤其敏感，一旦泄露，对信息主体造成的损害风险长期存在，且难以消除。同时，媒体舆论对生物信息风险也相当关注。各方面因素导致生物信息保护成为监管部门最为重视的领域之一。以美国为例，目前对物联网生物信息识别的监管主要有以下几个方面。

第一，立法明确保护责任、降低诉讼门槛。这类监管对企业的影响比较大。例如，美国伊利诺伊州已生效的《生物信息隐私法》(*Biometric Information Privacy Act*)①，以及类似法律，在要求企业保护生物信息的同时，明确受损个体为适格起诉主体，并就每一损害行为，对侵权方课以至少1000美元的赔偿责任。② 相关法律生效后，集体诉讼频发。例如，在2020年一起集体诉讼中，顾客集体起诉一家连锁药店，诉称：药店在用带有人脸识别相机收集店面顾客信息时，没有履行信息收集的告知义务，也没有征得顾客的知情同意。③ 由于该案涉案集体包括光顾过伊利诺伊州州内所有药店的顾客，最终赔偿金额可能十分巨大。受到类似集体指控的还有杂货店等同类企业。④

社交媒体是相关集体诉讼频发的又一场景。例如，因擅自关联、汇聚用户上传照片中的人脸数据，脸书遭遇多起集体诉讼。仅和解其中一起诉讼就付出了6.5亿美元的代价。⑤ 目前，脸书还有多起

---

① https：//www.ilga.gov/legislation/ilcs/ilcs3.asp? ActID = 3004&ChapterID = 57。
② https：//www.ilga.gov/legislation/ilcs/ilcs3.asp? ActID = 3004&ChapterID = 57。
③ *Jacobs v. Walgreen Company*，https：//www.classaction.org/news/class-action-claims-walgreens-use-of-facial-recognition-cameras-oversteps-illinois-privacy-law#embedded-document。
④ 例如 *Arnold et al. v. Roundy's Supermarkets*，Inc. et al.，https：//www.classaction.org/news/class-action-filed-over-krogers-alleged-use-of-facial-recognition-software-in-marianos-stores#embedded-document。
⑤ *Patel v. Facebook*，https：//www.courthousenews.com/wp-content/uploads/2020/08/FacebookBiometric-PrelimSETTLEMENT.pdf。

正在进行中的诉讼。① 今年，TikTok 同样因擅自扫描用户面部以实现多类图像处理功能，而遭遇集体诉讼②，涉案金额同样可能十分庞大。作为物联网领域的企业，关联不同设备间数据，以提升服务质量是常见做法。然而，此处蕴涵相当大幅度的风险。

物联网领域遭遇类似诉讼的风险相当高。一方面，物联网设备感知的生物信息类型日趋丰富，采用不同类型生物识别的比例越来越高。另一方面，又因为物联网设备预封装程度较高，对所涉各类生物信息，是否尽到足够的保护责任，是否对每一类型生物信息获得知情同意，通常难以确定。实际上，即使是合规相对成熟的亚马逊 Alexa 智能音箱，在细致的隐私影响评估下，仍然未能充分实现欧美相关法律要求。③ 面对上述立法，设备隐私管理方对任何类型的生物信息，在任一环节上的忽略，都有可能触发大额赔偿。

还有一点易于忽略：作为高技术企业，将生物信息识别用于日常管理是常见做法。然而，相关立法旨在保护雇员的合法权益，如果未能获得雇员知情同意，履行保护责任，同样可能面临集体诉讼和赔偿责任。2020 年来，相关集体诉讼案件已达到两位数。④ 由此，物联网设备企业在面向用户的同时，宜注意雇员的生物信息可能蕴涵的法律风险。

第二，立法直接禁止收集、处理特定类型生物信息。目前，此类立法主要聚焦人脸识别，集中于美国少数城市。⑤ 美国联邦层面

---

① 例如，*Whalen v. Facebook*，https：//www.classaction.org/news/class-action-alleges-facebook-secretly-harvests-instagram-users-facial-scans#embedded-document。
② 见 *Slate v. Tik Tok*，https：//www.classaction.org/news/tiktok-hit-with-biometric-information-privacy-class-action-over-user-facial-scans。
③ 相关评估，可见 https：//www.jdsupra.com/legalnews/hi-alexa-can-i-trust-you-93452/。
④ https：//www.classaction.org/news/category/illinois-biometric-information-privacy-act。
⑤ 最近的例子是波特兰市，相应立法见于 https：//static1.squarespace.com/static/5967c18bff7c50a0244ff42c/t/5f3ad787ba3fd27776e444af/1597691785249/Ordinance + to + ban + use + of + FRT + in + Places + of + Public + Accommodation + plus + code + amendment + -Final.pdf。

也有类似立法倡议，但通过联邦立法的概率甚微。① 由于联邦立法进度迟缓，未来在全美各地仍将零星出现此类立法。② 不过，直接禁止收集和处理信息的立法忽视科技和权利间的恰当平衡，对科技进步会产生较大冲击和阻碍。因此，这种方式不会成为全局层面的通行做法。

第三，监管机构对物联网设备引发风险的处罚。由于规制生物信息识别中的新型风险领域的法律尚不完善，所以监管机构的决定对企业判断合规边界和策略有相当参考价值。③ 目前，主要有两类处罚值得参考：直接针对物联网设备的处罚，以及针对儿童生物信息的处罚。

直接针对物联网设备的处罚数量较少，但均与物联网新特性有直接关联。首先，当"感知"遇上"网络安全"，就可能引起处罚。首先，2013年和2019年，先后分别有提供家用摄像设备的企业被美国联邦贸易委员会处罚。美国联邦贸易委员会明确要求企业达到足够安全水平，避免相应设备遭到入侵。④ 其次，从之前提到的智能门锁制造商 Tapplock⑤，再到同样因为信息泄露事件，被美国联邦贸易委员会罚款220万美元的智能电视制造商 VIZIO⑥ 等等，这些案例都说明监管机构对物联网的生物信息安全风险始终在保持密切

---

① https：//drive. google. com/file/d/1gkTcjFtieMQdsQ01dmDa49B6HY9ZyKr8/view。
② Rubinstein, Ira S. , "Privacy Localism", *Wash. L. Rev.* 93, 2018.
③ Solove, Daniel J. and Woodrow Hartzog, "The FTC and the new common law of privacy", *Colum. L. Rev.* 114, 2014.
④ 例如，可见 https：//www. ftc. gov/news-events/press-releases/2013/09/marketer-internet-connected-home-security-video-cameras-settles 与 https：//www. ftc. gov/news-events/press-releases/2019/07/d-link-agrees-make-security-enhancements-settle-ftc-litigation。
⑤ In Re Tapplock, Inc. , https：//www. ftc. gov/system/files/documents/cases/192_ 3011_ tapplock_ agreement_ containing_ consent_ order. pdf.
⑥ https：//www. ftc. gov/system/files/documents/cases/170206_ vizio_ stipulated_ proposed_ order. pdf。

关注。最后，美国联邦贸易委员会曾经对生产带有云服务的物联网设备连接坞的企业发起调查，理由是企业在没有充分告知用户的前提下停止服务更新，可能对用户造成损害。①

涉及儿童信息的监管实践亦有参考价值。各国对儿童信息安全均相当重视。物联网广泛感知的特性，意味着设备很可能以企业未及预料的方式收集、处理儿童生物信息。2019年，TikTok 被处以570万美元罚款，② 这说明此处蕴涵了法律风险。如果物联网设备牵涉社交、游戏或玩具等应用，对儿童信息的收集或处理就应特别注意合规工作。

总之，美国的监管机构对物联网设备持续保持关切。现有处罚同时涉及设备安全、信息安全、个人隐私等多个层面，并可能伴随大额罚款。在安全标准的具体设定和实施上，监管机构有较大自主空间，用户"期待"③ 常常构成核心判断标准之一。仅仅从技术合规入手，不足以完全消解监管和用户的忧虑，因而需要更具针对性的合规管控。

第四，旨在保障国家安全的立法和执法活动。这里大致有两类：第一类，检视物联网设备既有应用，总结总体安全状况，修复已知安全漏洞，并为后续立法做准备④；第二类，在涉及国家安全审查的情形中，将物联网设备对生物信息或一般个人信息的收集、处理纳入考量。例如，现行美国国外投资安全审查（通常称为 CFIUS）

---

① https://www.ftc.gov/system/files/documents/closing_letters/nid/160707nestrevolvletter.pdf。

② https://www.ftc.gov/system/files/documents/cases/musical.ly_proposed_order_ecf_2-27-19.pdf。

③ Solove, Daniel J. and Woodrow Hartzog, "The FTC and the new common law of privacy", *Colum. L. Rev.* 114, 2014. 对部分（尤其是卡特案以后的）新进展，可见 Barrett, Lindsey, "Carpenter's Consumers", *Washburn LJ* 59, 2020.

④ 例如，可见 https://www.congress.gov/bill/116th-congress/senate-bill/734/text。

已涵盖"国外实体是否收集生物信息"这一内容。① 对投资广泛的企业而言，这一风险不可忽略。

第五，旨在扶持、规范物联网产业发展的法律。例如，美国相应法案规定，成立专门工作组，以梳理监管图景，评估频谱资源，并为促进物联网进一步发展提出报告。② 英国政府拟立法，为物联网（特别是面向消费者的互联网设备）设立安全标准，并成立专门的监督和执行机构。③ 一方面，这是值得物联网头部企业关注的机遇。另一方面，专门的监督和执行机构可以成为合法的意见表达渠道。中国在物联网产业战略中可以借鉴上述监管思想。

总之，在生物信息处理场景中，物联网监管的图景随着立法或新案例的不断出现，日益趋于繁复和不确定。此外，值得注意的一点是，既有的针对网络安全的规制，通常也适用于物联网。例如，如果物联网设备跨境传输信息，物联网设备提供商也就适用与跨境传输相关的现行网络安全规范。因此，有必要持续研究物联网产业的最新动态。另外，寻求类似"安全港"的整体合规认证方案，同样是未来可行的监管思路之一。在不确定性长期存在的前提下，物联网产业的规制依然需要确定性的解答。

案例二　智能家居中的新型风险

生物信息场景中的风险和智能家居场景中的风险重合较多。之

---

① "生物信息"包含在审查项中的"敏感信息"下，见于 https：//home.treasury.gov/system/files/206/Part-800-Final-Rule-Jan-17-2020.pdf.

② https：//www.congress.gov/bill/116th-congress/senate-bill/734/text.

③ https：//www.gov.uk/government/consultations/consultation-on-regulatory-proposals-on-consumer-iot-security/outcome/government-response-to-the-regulatory-proposals-for-consumer-internet-of-things-iot-security-consultation

前提到的，针对智能门锁、智能电视和家用摄像设备的诉讼和监管处罚动态，均适用智能家居场景。不过，智能家居场景有自身的独特性。用户对信息安全和个人隐私的强烈偏好，以及监管机构对此的认可，是智能家居和其他场景的主要区别。

首先，在谈论个体信息安全偏好时，"权衡"是用户的决策特征之一。通常而言，用户愿意为了一定数额的优惠而提供更多个人信息。① 但在智能家居场景中，这一点不成立。美国联邦贸易委员会认可的研究显示，面对一款价值约49美元（折合人民币约350元）的智能音箱，无论提供多大幅度的折扣，超过一半的潜在用户都拒绝以提供个人信息换取折扣。② 对智能家居设备收集、处理的信息，即使是在其他场景中合理的"二次利用"，用户仍表示强烈反对。③ 因此，若认可用户期待的重要性，就必须在设计中考虑到智能家居的应用场景、信息安全和个人隐私。如果物联网设备涉及玩具或者以其他影响儿童的方面，用户的敏感程度将进一步上升。④

其次，监管者倾向于保护用户期待。例如，美国联邦贸易委员会五位委员之一的丽贝卡·斯劳特（Rebecca Slaughter）在发言中提及："对物联网设备的入侵，可能对个体造成登堂入室的严重损害。"⑤ 他在发言的后半部分强调，应加强对"路由器、育婴设备、

---

① 相关证据很多。例如，对三十万款移动应用的定价策略和信息收集的实证研究，验证了这一点：Kummer, Michael, and Patrick Schulte, "When private information settles the bill: Money and privacy in Google's market for smartphone applications", *Management Science* 65. 8, 2019.

② https://www.ftc.gov/system/files/documents/public_events/1415032/privacycon2019_yaxing_yao.pdf.

③ https://www.ftc.gov/system/files/documents/public_events/1415032/privacycon2019_yaxing_yao.pdf.

④ Orange 诉 Ring 与亚马逊案中的集体诉讼即涉及儿童。对物联网玩具的进一步分析，可见 Eldar Haber, "Toying with Privacy: Regulating the Internet of Toys", *Ohio St. LJ* 80, 2019.

⑤ https://www.ftc.gov/system/files/documents/public_statements/1395854/slaughter_-_raising_the_standard_-_bringing_security_and_transparency_to_the_internet_of_things_7-26.pdf.

智慧电视以及最为新近的联网玩具"①的执法。可以看到，美国联邦贸易委员会确实在这些领域强化了执法。在英国拟议立法中，智能家居层面的物联网设备同样是关切重点。②英国在拟议立法中规定了包含"禁止统一默认密码""强制披露安全缺陷""及时更新"等具体措施。③最后，早在2014年，29条工作组即发布了涵盖家用物联网设备的观点，强调充分告知、赋权用户和"基于设计的隐私"等原则。④可以说，智能家居是用户和监管的"痛点"。

在妥善应对物联网新风险的基础上，对智能家居场景风险的关注，宜提高至"无小事"的态度。智能家居隐私既是特别容易引起用户情绪和行动的话题，又是执法和第三方评估⑤的常见切入点，因而特别容易对企业形象造成重大损失。有关方面有必要从用户入手，在充分体察用户期待和实用场景的基础上，针对性地提出合规解决方案。

案例三　智慧物流中的新型风险

随着新冠肺炎疫情在全球扩散，以及"隔离"与"远程工作/教育"的日益盛行，智慧物流的经营规模迅速扩张。例如，物流员工可能穿戴物联网设备，以落实安全保障、便利绩效测度、提高配送效率。各式物流载具全面搭载物联网设备，实现大规模高效统筹。无人机等新型载具，本身即可视为物联网技术充分发展的成

---

① https://www.ftc.gov/system/files/documents/public_statements/1395854/slaughter_-_raising_the_standard_-_bringing_security_and_transparency_to_the_internet_of_things_7-26.pdf.
② https://www.gov.uk/government/publications/code-of-practice-for-consumer-iot-security/code-of-practice-for-consumer-iot-security.
③ https://www.gov.uk/government/publications/code-of-practice-for-consumer-iot-security/code-of-practice-for-consumer-iot-security.
④ https://www.dataprotection.ro/servlet/ViewDocument?id=1088.
⑤ https://www.jdsupra.com/legalnews/hi-alexa-can-i-trust-you-93452/.

果。不过，仍有三个层面的潜在风险值得注意。

首先，在为员工配备物联网设备、收集处理相关信息时，需注意充分履行告知义务，并获取有效同意，以避免可能的集体诉讼风险。

其次，物流系统可以与用户需求深度融合，从而为用户提供更为便捷的体验。例如，智能冰箱可以根据储藏情况，自动向购物网站发出订单。但如果引进此类功能，生物信息和智能家居场景中的风险，都要予以考虑。

最后，物流系统与社会正常运转紧密相关，物流数据的重要性因此相应上升。黑客入侵并截取物流数据的行为，也因回报上升而日趋频繁。例如，在配送平台 ChowBus 信息泄露事件中，黑客获取平台所有用户的详细住址、联系方式和电子邮箱等信息，再将包含相应数据的链接，发送给平台全体用户，对平台经营造成了毁灭性的损失。[1] 部分明星的个人信息亦因此泄露。[2] 这佐证了注意物流风险的紧迫性和必要性。

由于物联网新型风险复杂而难以预知，监管正在不断演化，也不存在单一的应对方案。恰如网络规制同时包含法律、规范、市场和技术等多种要素[3]，企业发展技术并实现合规，同样需要采取多元路径。以下按"法律与政策"和"自我规范和治理"分别展开。

二 域外探索

在法律和政策层面，一方面，企业面临的监管和诉讼风险越来

---

[1] https://www.businessinsider.com/chowbus-data-breach-leaked-information-hundreds-thousands-users-2020-10

[2] https://www.businessinsider.com/chowbus-data-breach-leaked-information-hundreds-thousands-users-2020-10

[3] Lawrence Lessig, *Code: and Other Laws of Cyberspace*, Version 2.0, Basic Books, 2006。

越大；另一方面，各国为鼓励物联网发展制定相关立法，并没有在一般层面上禁止物联网或生物信息的应用。企业若要应对智慧物流中的各类风险，需要"两手抓"，在面对和缩减监管不确定性的同时，尽可能利用积极的一面。

物联网的监管现状，常依赖不确定的准则。例如，美国联邦贸易委员会在执法时强调同意、承诺和用户的"期待"。欧盟GDPR下的"同意"在物联网场景中的界定并不清晰。在以美国加利福尼亚州为代表的新近立法尝试中，对物联网安全标准，仅以"合理"一词予以概括，[①] 有关安全标准的解释和适用则在很大程度上交给了法院。对此，企业的应对措施包括以下三个方面。

第一，紧密跟进既有监管动态。这不仅意味着后知后觉地了解立法和监管决定，还要积极参与监管机构的意见征集、研究征集和听证等工作。在监管细节依然高度不确定的领域，可以发挥类似积极举措的作用。

第二，积极联动并推动安全标准等"软法"的制定，让"软法"成为监管机构与司法部门解释"硬法"时的工具。同理，在技术要求高、细节不确定的领域，监管者同样需要向掌握一手资料的企业了解信息。这既是实现有效分工治理的切入点，又是消解立法不确定性、凝聚合规共识的重要入手点。

第三，积极推动"安全港"类规定的制定。这是充分降低风险、化被动合规为主动的理想情形。此类规定的制定要求形成类似"合规清单"的文件，让企业"心里有数"，明确"特定的措施"等于"责任的控制"。对此，可邀请监管机构充分检视企业物联网安全规则和实践，仿照GDPR等规则，建立承认公司物联网安全水

---

① https：//leginfo.legislature.ca.gov/faces/billNavClient.xhtml? bill_id = 201720180SB327。

平的制度机制。

需要指出的是，尽管物联网安全存在广泛的合作治理空间，不过，从现有用户偏好和监管取向来看，很难达到绝对的无风险合规。由于物联网设备高度预封装、不易全面更新的特性，以及个体用户隐私观念的不断强化，因而合乎政策和法律是始终没有尽头的动态过程。降低风险的核心更多的是依靠监管者与用户持续、深入且充分的沟通。①

在积极方面，主要是要抓住立法或行政机构征求意见的关键窗口，全面、及时呈现物联网应用的价值和发展障碍。例如，美国立法明确提出，报告需要全面呈现对物联网的规制图景，包括规制、立法、许可、专门项目、预算项目和司法阻力等②。上文提到的法律方面的不确定性，非常适合在报告中提出并阐述，亦有望对后续立法产生影响。

三 借鉴意义

自我规制与治理以及应对政策与法律，二者相辅相成。一方面，合适的自我规制举措有上升为监管通行实践的可能。例如，美国联邦贸易委员会的处罚通常包含对特定治理举措的要求。另一方面，法律责任不是物联网安全风险的全部。在公众形象等方面，需要相对应的举措。

（一）物联网安全风险和标准体系

制定在行业层面得到广泛认同的标准体系，是自我规范最重要的组成部分之一。具体到物联网场景，结合前述分析，这一体系至

---

① Katie Boeckl, et al., Considerations for managing Internet of Things (IoT) cybersecurity and privacy risks, US Department of Commerce, National Institute of Standards and Technology, 2019.

② https://www.congress.gov/bill/116th-congress/senate-bill/734/text.

少可以涵盖以下七部分。

第一，涉及敏感信息收集、处理的物联网设备。例如，针对收集、利用生物信息的物联网设备安全标准。

第二，涉及高风险场景的物联网设备。例如，适用于家居场景的物联网设备安全标准。

第三，安全风险特别突出、受到监管机构强调的设备类别。例如，针对智能音箱、智能玩具或联网医疗健康设备的安全标准。

第四，物联网企业通用的内部安全规范，尽力与监管机构要求保持一致。例如，设立隐私部门、配备隐私人员、信息收集处理全程留痕、定期开展审计等。[1]

第五，物联网企业供应链管理安全规范。由于物联网设备预封装程度较高，上下游之间除非对彼此元件有充分了解，否则难以协调达到稳定的高水平安全[2]。

第六，不同设备间组网通信时的安全规范。这一点是为了防止安全风险以超出预期的方式扩散。因此，需要充分预见设备实际使用时或有的复杂的相互影响。

第七，努力实现"政策与法律"对上述标准体系的认可。

在个体标准的具体撰写方面，欧盟网络和信息安全局出台了详尽的报告。[3] 该报告强调，一方面，标准的数量非常丰富，对物联网设备及应用的覆盖已然较为全面。[4] 另一方面，现有标准存在表

---

[1] 均见于 https://www.ftc.gov/system/files/documents/cases/192_3011_tapplock_agreement_containing_consent_order.pdf。

[2] Katie Boeckl, et al., Considerations for managing Internet of Things (IoT) cybersecurity and privacy risks, US Department of Commerce, National Institute of Standards and Technology, 2019.

[3] 此处见于 IoT Security Standards Gap Analysis Mapping of Existing Standards against Requirements on Security and Privacy in the Area of IoT。

[4] IoT Security Standards Gap Analysis Mapping of Existing Standards against Requirements on Security and Privacy in the Area of IoT.

述技术化的现象,缺乏基于自然语言的、对物联网安全功能与目标的阐述。同时,因为标准间兼容性有待改进,很难确定标准体系整体是否保障了足够的安全性。

报告提出的建议值得参考。在建立体系时,首先,应当考量报告在术语、用词、涵盖设备等层面的兼容性,推动不同安全标准下评估结果的通用性。其次,对感知、联网和应用等不同层面,宜分层表述,确保安全要求表述清晰。最后,对目标安全水平的表述,可以采用自然语言,并给出典例,以便设备安全负责人或用户知晓安全目标,并进行评估。[①]

总之,物联网设备安全标准体系建立是一项系统性工程,在整体与个体层面,都需要参考多方面的因素。不过,作为合规应对的"中枢",企业宜推动建立体系化的标准,彰显正面价值。

(二)物联网安全风险和公司治理

技术标准等规范体系在企业内部同样需要推动自我规范与治理。虽然,监管要求和安全标准已经包含许多自我规范的内容,但在物联网设备语境下,依然存在其他多元的、可与既有自我治理实践互补的方案。在设立专门部门或专人、确保数据收集处理留痕、落实"基于设计的隐私"原则、注重定期审计等常规要求的基础上,还有以下措施可以借鉴。

首先,建立与利益攸关者(尤其是上下游供应商与用户群体间)的有效沟通机制。由于物联网设备的技术特性,如果不能在供应链上下游间充分沟通,全面了解相应技术与设备的使用场景,企业很难持续保障设备达到较高安全水准。[②] 因此,建议企业摸清物

[①] IoT Security Standards Gap Analysis Mapping of Existing Standards against Requirements on Security and Privacy in the Area of IoT.

[②] Katie Boeckl, et al., Considerations for managing Internet of Things (IoT) cybersecurity and privacy risks, US Department of Commerce, National Institute of Standards and Technology, 2019.

联网设备与技术供应链上下游全程，依法建立广泛覆盖的安全风险沟通和管理机制，加之结合具备通用性的标准体系的措施，有望显著降低发生物联网安全事件的风险。

满足用户期待同样是合规过程中至关重要的一环。美国国家标准技术研究所（NIST）专门出具报告，说明用户沟通应包含以下环节：了解用户群体、了解用户需求与期待、解决相应需求与期待、为用户需求和期待提供持续支持。① 沟通的关键时点包括且不限于：设备启用时、获取同意时、安全更新时、设备停用时、设备退出市场时等。② 沟通应确保容易为用户所理解。③ 此外，沟通不够充分，出现用户认知偏差及投诉等情形下，可能引致监管调查。④

其次，推动建立可信的第三方沟通和审计机制。欧美监管机构常常在决定中强调独立第三方审计的作用。监管机构本身、行业协会组织和供应链管理组织都可以部分行使这一职能。企业可以主动设立利益攸关者参与，覆盖更全面，包纳用户、媒体等多方的自我规范委员会，以整合不同对象的沟通需求，全面反映安全需求和顾虑。对于安全风险难以预知并完整、准确评估的场景，这是值得探索的方向⑤。同时，可以就这一机制寻求监管认可。

---

① Michael Fagan, et al. *Foundational Cybersecurity Activities for IoT Device Manufacturers*. No. *NIST Internal or Interagency Report* (*NISTIR*) 8259. National Institute of Standards and Technology, 2020.

② Michael Fagan, et al. *Foundational Cybersecurity Activities for IoT Device Manufacturers*. No. *NIST Internal or Interagency Report* (*NISTIR*) 8259. National Institute of Standards and Technology, 2020.

③ Michael Fagan, et al. *Foundational Cybersecurity Activities for IoT Device Manufacturers*. No. *NIST Internal or Interagency Report* (*NISTIR*) 8259. National Institute of Standards and Technology, 2020.

④ https：//www.ftc.gov/system/files/documents/closing_letters/nid/160707nestrevolvletter.pdf.

⑤ 例如，可以参考脸书就社交媒体治理的探索，见于 Kate Klonick, "The Facebook Oversight Board: Creating an Independent Institution to Adjudicate Online Free Expression", *Yale LJ* 129, 2019.

最后，近年来方兴未艾的网络安全保险①，可能是推进公司治理、补充合规责任的又一有效渠道。这是因为在相应保险发展较为成熟的市场中，承保人较熟悉不同类型风险发生的频率和幅度。对不同企业合规的特点和弱点较为熟悉，可以为物联网设备合规提供切实可行的建议②。此外，相比多方参与等机制，保费赔付对责任的划分更明确，对风险的救济较充分。

但这一办法的缺陷在于，相应保险在企业涉及的许多市场上不存在，或发展不成熟。即使如此，网络安全保险，仍然可以作为发展行之有效的合规责任与风险分担机制的方向。在市场快速发展的趋势③下，安全技术位居前沿、安全责任高度集中、风险分担需求旺盛的企业，很可能成为保险市场主要参与者之一。

如上，尽管监管层面存在显著的不确定性，从行业和企业层面的自我规制入手，依然存在许多保障合规确定性的答案。这些措施与政策和法律层面的应对相得益彰：政策和法律的思路之一，是强化合作或自我治理；自我治理的成功实践，又可成为未来监管的内核。目前，在物联网监管的浪潮面前，企业或略显被动。但未来有广阔的"化被动为主动"的空间。

---

① 对网络安全保险的研究，参见 Shauhin A. Talesh, "Data breach, privacy, and cyber insurance: How insurance companies act as 'compliance managers' for businesses", *Law & Social Inquiry* 43.2, 2018.

② Shauhin A. Talesh, "Data breach, privacy, and cyber insurance: How insurance companies act as 'compliance managers' for businesses", *Law & Social Inquiry* 43.2, 2018.

③ https://www.pwc.com/us/en/industries/insurance/library/cyber-insurance-survey.html.

第四章

人工智能企业合规与法律政策

第一节　企业内部人工智能合规框架

一　道德伦理合规：化解人工智能伦理焦虑

人工智能作为一项深刻影响人类生产生活的高科技技术，正在不断通过不同类型的人工智能产品为人们所熟知。但是，人们对人工智能的感情却是复杂的。一方面，人们期盼人工智能技术能够尽快发展成熟，加快生产力发展，引领生产方式变革，以更好地服务人类、更多承担复杂繁重的工作。另一方面，人们又对人工智能技术充满忧虑，担心人工智能技术"可能因其事前无约束的制度设计而使社会成为被过多消耗的法外空间"[①]，甚至成为人类文明的终结者。为更好化解社会公众对于人工智能的这种复杂、焦虑心态，作为掌握最前沿技术、担负着技术落地执行者角色的高科技企业，尤其应当具有明确的社会伦理意识，加强企业内部伦理建设，将对伦理的考量贯穿推动技术发展应用全过程。

关于人工智能的伦理原则，国际国内已经进行了许多有益的先行探索。国际上，欧盟早在2018年4月就制定了人工智能愿景，其人工智能高级专家组发布的《可信赖人工智能伦理指南草案》提出了向善、无害、保护人类能动性、确保公平、透明运行五项人工智

[①] 姚万勤：《大数据时代人工智能的法律风险及其防范》，《内蒙古社会科学》2019年第2期。

能伦理原则。① 美国国防创新委员会则在2019年11月提出了负责、公平、可追踪、可靠、可控五大人工智能伦理原则。② 欧洲委员会及其通信网络内容与技术执行署于2020年7月发布关于人工智能规范提议的初期影响评估，指出人工智能相关立法规范的最终目标是促进私人和公共行为者在单一市场中发展和采用尊重基本权利的安全和合法的人工智能，同时确保包容性的社会成果③。在国内，国家标准化管理委员会发布的《人工智能标准化白皮书（2018版）》提出了人类利益、责任两大原则，其中责任原则又分别在技术层面细化为透明原则，在应用层面细化为权责一致原则。④ 2019年6月17日，国家新一代人工智能治理专业委员会发布《新一代人工智能治理原则——发展负责任的人工智能》，提出了和谐友好、公平公正、包容共享、尊重隐私、安全可控、共担责任、开放协作、敏捷治理八项治理原则。⑤ 这也是我国目前提出的最新的有关人工智能的伦理原则。高科技企业应当广泛汲取国内外有益经验，研究国家人工智能伦理合规要求，结合本企业技术发展方向，明确人工智能

---

① 欧盟委员会：《可信赖人工智能伦理指南草案》（*Draft Ethics Guidelines for Trustworthy AI*），2018年12月，https：//www.euractiv.com/wp-content/uploads/sites/2/2018/12/AIHLEG-DraftAIEthicsGuidelinespdf.pdf。

② ［美］美国国防部：《人工智能原则：国防部人工智能应用伦理的若干建议》（*AI Principles-Recommendations on the Ethical Use of Artificial Intelligence by the Department of Defense*），2019年10月，https：//media.defense.gov/2019/Oct/31/2002204458/-1/-1/0/DIB_ AI_ PRINCIPLES_ PRIMARY_ DOCUMENT.PDF。

③ Directorate-General for Communications Networks, Content and Technology (European Commission) & European Commission. Proposal for a Regulation of the European Parliament and the Council laying down requirements for Artificial Intelligence, 2020-07-23, https：//eur-lex.europa.eu/legal-content/EN/TXT/PDF/? uri = PI_ COM：Ares（2020）3896535&from = ES.

④ 国家标准化管理委员会：《人工智能标准化白皮书（2018版）》，http：//www.cesi.ac.cn/201801/3545.html.，发布时间：2018年1月24日，最后访问时间：2021年1月5日。

⑤ 国家新一代人工智能治理专业委员会：《新一代人工智能治理原则——发展负责任的人工智能》，http：//www.most.gov.cn/kjbgz/201906/t20190617_ 147107.htm，发布时间：2019年6月17日．最后访问时间：2021年1月5日。

道德伦理合规的侧重点，从而有针对性地加强内部伦理建设。

鉴于单纯的技术开发者缺乏对伦理进行准确判断的专业知识，也难以承担关键伦理选择的社会责任。就企业内部建设而言，其中一项有效的应对办法就是建立人工智能委员会。这也是世界主要国家和众多高科技公司的一致选择。建立人工智能委员会，有以下三个方面需要尤其注意：一是人工智能委员会的成员背景应当是多元的，他们一般具有不同的知识背景和经验，能够为企业提供包括但不限于技术、经济、法律、哲学、道德、国际合作等多重视角的建议。二是人工智能委员会并不是企业在构建人工智能伦理风险治理机制时唯一依赖的机构，企业不能奢望将所有伦理问题委由人工智能委员会一揽子解决，委员会更多地只是扮演一个咨询者、建议者的角色，企业的发展战略更多的时候需要在伦理合规框架下依据企业发展实际决定。三是人工智能委员会应当具有领导人工智能伦理风险控制流程的实施及监督、参与人工智能的伦理风险评估、审查伦理评价结果、定期审查决策执行情况等基本职能，仅仅设立人工智能委员会但是没有相应的执行配套机制，那也无法有效实现伦理合规的目标。

二　风险管理合规：应对人工智能安全风险

随着人工智能技术发展和应用不断突破瓶颈，人工智能技术不仅仅能够代替普通人在生活中作出决策，而且对安全问题产生了前所未有的冲击。因而，高科技企业在努力探索人工智能技术开发和应用的同时，还需要全力做好风险管理，确保"我们用技术打造的世界，是一个我们想要居于其中的世界"。人工智能对企业产生的风险是多种多样的，具体涵盖：商业风险，包括对抗攻击、网络入侵风险、隐私风险、开源软件风险等;行为风险,包括错误风险、偏见风险、不透明风险、性能不稳定风险等;道德风险,包括价值缺失风险、价值调整风险等;控制风险,包括在人工智能流程中缺乏人为代理的风险、无法检测和控制恶意人工智能的风险等;社会风险,包括名誉风险、自主武器扩散风险、智力鸿沟风险等;经济风险,包括工作流失风险、责任风险、"赢者通吃"风险等。[1] 企业要应对以上人工智能带来的风险,不应当寄希望于短期、快速的风险管理,而是努力建立全面系统的风险管控机制,将风险管理贯穿于企业经营发展全过程之中。具体来说,可以从以下三个层面作出努力:

第一,在决策机制层面。现代企业建立决策机制,旨在在不同层级都能够快速、有效地作出有利于企业经营发展的战略选择。企业应对人工智能风险,就要对现有的决策机制进行再审视、再完善,进一步优化决策流程,充分收集到各方面信息,及时对风险进行预判和应对,推动现有决策机制更加科学、稳健。前面提到的建立人工智能委员会,就是通过发挥不同知识背景专业人士的作用,以有效规避人工智能伦理风险,同样也是完善决策机制的重要一环。在决策机制运转时,人工智能委员会就能够充分评估企业各人工智能项目的安全风险点,通过及时调整项目方向或者提前做好风险应对以实现风险管理合规。

第二,在约束机制层面。人工智能技术的发展在某种意义上已进入信息技术发展的"无人区",技术爆发点同时兼具增长点和风险点的可能。因此,企业时常面临着"发展还是安全?"的现实困境。为解决这个问题,企业应树立现代经营理念,切实承担起社会

---

[1] 阿南德·拉奥:《负责任的人工智能:安全的人工智能系统》,《信息安全与通信保密》2019年第10期。

责任。同时,企业还需建立约束机制,即在保证企业安全合规的底线上,统筹考虑人工智能技术发展和人工智能应用安全之间的关系,调整自身行为模式,寻找安全合规、社会效益与经济效益的平衡点。

第三,在管理机制层面。即使现代企业正在持续推动扁平化变革,但是任何一家企业都不同程度存在着从决策层到执行层的垂直管理机制。这一机制贯穿于企业经营的方方面面,同时也是发现风险、规避风险、应对风险的毛细血管。实现风险管理合规,就要在管理机制内部建立严密的风险管控机制,使每一个层级的每一项活动,都自觉在企业风险管控框架之内。从功能层面来看,基于风险管控的管理机制,既要能够准确理解高层决策意图,自觉执行风险管理决定,同时又要能够发挥触角作用,及时发现企业安全风险并有能力通过畅通的渠道向高层发动安全警报。

三 用户政策合规:缓解人工智能民主紧张

依托于人工智能技术的快速发展,用户希望人工智能企业能够以更加精准有效的方式提供更好的用户体验,安全则是良好用户体验的一个重要因素。企业从改善用户体验的角度出发,应当持续推动用户政策合规建设,保证公平性和协调。企业主要可以从两个方面进行努力。

第一,增强互动性、参与性与透明性。互动性主要是针对人工智能企业和用户之间的关系而言的。增强互动性,就是要实现企业和用户之间平等对话、顺畅沟通的良性关系。企业增强互动性,关键在于构建多种形式的有效沟通方式。现在,大量的企业设置客服电话、网上论坛,定期开展用户体验调查问卷都是很好的实践经验,其目的也就在于密切企业和用户之间的沟通协作。人工智能企业可以有效借鉴这些经验,并通过新技术、新手段进一步提高沟通的有效性,提升互动质效。参与性主要指的是企业在制定用户政策的过程中,需要有效地吸引用户参与其中,并尽可能地满足各方的合理诉求。增强参与性的目的在于最大可能了解企业用户的不同背景、不同要求,提高用户政策的科学性和合理性,也尽可能地规避企业对用户的技术压迫。需要说明的是,这里的"用户"不仅仅指的是现有的产品使用者,还应该包括企业人工智能产品的潜在使用者,因而很多时候企业吸引用户参与用户政策制定,很大程度上是不设定具体对象的,而是以开放包容的心态积极吸引全社会参与。增强参与性的关键在于建立顺畅的表达机制同时有效调动用户参与的积极性。企业还应当注意,不应当使这种良好的互动关系停留在用户政策制定的开始阶段,而是应该制定长期的吸引用户参与的计划,有计划地、定期地听取用户的建议。透明性主要指的是企业人工智能产品的用户政策应当是通俗的、简洁的、容易为人们所理解的,特别是有关安全风险,需要尽可能详尽地向用户进行介绍。增强透明性主要意义是减少技术对普通用户的压迫,尽可能保障用户的知情权。增强透明的关键环节,一方面在于尽可能提升用户政策的通俗性,使得非专业的普通用户能够在短时间内对用户政策进行准确了解,做到心中有数;另一方面则是强化风险评估,尽可能全面评估用户在使用企业产品过程中可能出现的安全风险,并提供可以令人信服的解决方案。

二是与利益相关者开展沟通。用户政策合规性还和同类科技企业、监管部门、有关社会组织等众多利益相关者有着密切的关系。企业在加强用户政策合规性建设的过程中,要积极与这些利益相关者进行持续地、深入地沟通,有效听取各方面意见,以在整个行业和全社会层面达成有效的共识,尽可能提高用户政策的完善度。

第二节 自动化算法决策的合规要求

一 人工智能部署前的风险权衡

在实行自动化算法决策之前,要充分考虑到人工智能本身具有工具属性,进而有效评估人工智能算法客观上会产生的积极和消极影响。2019年2月5日,加拿大政府发布了《自动化决策指令》,对公共部门利用自动化算法决策作出了一些要求。其中对企业具有借鉴意义的是其中关于风险评估的考量因素,这些因素主要包括:个人或群体的权利;个人或群体的健康或福祉;个人、实体或群体的经济利益;生态系统的可持续性发展。指令还要求评估完毕后须将结果公开,且必须在系统功能或范围改变时,进行再评估与更新结果。[①] 因而,企业需要制定建立在多元维度上的风险权衡机制,在实行自动化算法决策之前,充分考量决策结果的合理性和科学性,有效评估该决策结果执行后可能对企业和社会带来的风险。如果存在重大不可控风险,那么企业应当及时对项目进行调整或者叫停;如果存在一定风险,那么企业应提前做好预判,制定应对风险的应急预案,以便在决策结果产生负面影响时及时有效予以应对。

鉴于目前自动化算法决策主要是用于自动驾驶和部分商业决策领域,难以为社会提供充分有效的风险权衡经验,建议在开展风险

---

① [加]加拿大政府:《自动化决策指令》(*Directive on Automated Decision-Making*),2019年2月,https://www.tbs-sct.gc.ca/pol/doc-eng.aspx? id = 32592。

评估时，应考虑一项自动化算法决策生成、执行后，其产生的不良后果，是否会对企业产生毁灭性打击。以商业银行为例，许多商业银行通过人工智能算法决定是否应该给予特定用户商业贷款额度，此时银行主要考虑如果该客户信用状况判断失误，所造成的损失是否会对商业银行造成不可承受的打击。换而言之，可以依据基于不同负面结果的考量，调整自动化算法的决策范围，以保证企业发展的安全底线。

二 不同应用场景对人工介入的需要差异

在现实实践中，人工智能不同的应用场景对人工介入有不同的要求。有的应用场景因其简明特点、符合当前人工智能技术成熟度，完全可以实现人工智能决策替代；有的应用场景则相对于更加复杂，需要人工介入配合人工智能共同形成解决方案。应根据风险评估的结果，对不同场景下的需要人工智能算法自动化决策进行人工介入的程度进行区分，保证自动化决策系统的安全可用性。如对该自动化决策可能对个人或社区的权利，个人或社区的健康或福祉，个人、实体或社区的经济利益，生态系统的可持续性等诸多目标没有影响，即不需要介入。以智能导航和智能医疗为例，智能导航能够依据自动化算法快速为司乘人员抵达目的地提供不同的路线选择，其决策要素相对简单，并且可以随时进行调整，所以人工介入的程度相对较低，仅需要在多重方案之中进行选择即可。但是智能医疗的决策过程则更为复杂，因为人体结构更加复杂，一些诊断数据产生原因也存在多重性，核心决策过程暂时还难以被算法决策完全替代，所以往往智能医疗的决策结果还需要医护人员依据专业知识和现实经验进行再认证，这就大大提升了人工介入的程度。总之，需要综合考虑决策场景的复杂程度和决策算法的替代程度，实行有差异的人工介入。

三 替代性非人工智能解决方案

算法自动化决策为人类生产生活提供了巨大的便利，但是在人工智能算法决策科学性和准确性不断提升的同时，还要始终保持对其"失灵"或者"部分失灵"的警觉性。关于替代性非人工智能解决方案的制定，需要考虑以下两个方面：一是不能赋予人工智能完全的决策权。人工智能算法自动化决策具有不可比拟的优越性，但是其最大的缺陷是算法决策的不稳定，算法决策的结果可能受到多重因素的影响。比如黑客恶意篡改算法的活动、能源中断、算法缺陷等等。一旦赋予人工智能完全的决策权，人类将彻底失去"叫停"的权力，如果产生风险就会产生不可避免的灾难性后果。二是精心制定操作性强的非人工智能解决方案。一旦人工智能决策失灵，那么人们可以及时有效地按照非人工智能解决方案开展工作，而不至于一时间陷入措手不及的困局。加强人工智能算法自动化决策技术的开发和应用，和制定替代性非人工智能解决方案，它们的关系如同一个硬币的两面，人工智能技术越发展、决策越科学、人类的依赖性越强，越要重视替代性非人工智能解决方案的制定和完善，这是人类应对人工智能算法决策可能产生负面后果的长久之计。

第三节 算法模型的数据合规要求

在信息化时代，人工智能技术的发展与成长需要算法模型的成熟，算法的优劣直接导致了人工智能的水平高低。算法模型成熟依赖于大数据技术的全量数据"投喂"。"通过不断训练、运算、学习，算法模型将在某一或多个场景之下渐趋完善，能够考虑全部的应用场景和常规动态，从而获得完整逻辑和主体理性，不再依靠人力纠正干预。"[1] 构建算法模型的企业会通过收集大量的原始数据，利用预设的算法程序对其进行分类以及分析，从而获取大量可供理解以及利用的信息。为了保障企业在培育算法模型时保障数据处理的工作有序展开，各国陆续出台了相应的监管政策。2020年1月，新加坡个人资料保护委员会出台了《人工智能治理模式框架（第二版）》以及关于帮助企业开展算法应用中规避风险的自查指南，要求企业应实现个人数据的恰当处理，以确保遵守相关的数据保护法律。该配套性文件对企业数据处理的合规提出了十分具体的要求，其中有关数据溯源、保证数据合规、解决算法偏差的合规思路可以进行借鉴。

一 追踪数据来源

人工智能企业需要了解数据的原始来源以及如何在组织内收集、整理和移动数据并保持其准确性。企业可以通过技术手段直观地表示数据沿袭脉络，以跟踪数据如何从源头移动到目的地、如何沿途转换数据、与其他数据进行交互以及表示如何更改。追踪数据来源的关键是强化数据的可溯源性。一般来说，数据沿袭有三种类型：一是向后数据沿袭会查看最终用途中的数据并将其回溯到源；二是转发数据沿袭始于数据源，然后一直跟踪到最终使用；三是端到端

---

[1] 周辉：《算法权力及其规制》，《法制与社会发展》2019年第6期。

数据沿袭将两者结合起来，并从数据源到最终用途以及从最终用途到源头查看整个解决方案。企业可以通过保留数据出处记录，以根据数据的来源和后续转换来确定数据的质量、跟踪潜在的错误源、更新数据以及将数据归因于数据源。鉴于此，企业在追踪数据来源时可以从以下几个方面着手：第一，企业在追踪数据来源时，应保证获取数据的途径是合法的。企业应根据《网络安全法》《民法典》等相关法律法规关于数据收集的合法性基础、数据处理的原则和条件等方面要求进行数据的收集。针对从第三方企业间接收集的数据，根据我国目前相关法律法规的要求，用户"同意"是数据接收方企业对第三方数据处理的合法性基础。当然，为了保证数据的有序流通，根据免责条款的规定，作为数据接收方的企业在保证该信息的采集仍在个人信息主体的"同意范围"内以及采集方式"合理"的条件下，可以不经个人同意。此外，参考《信息安全技术个人信息安全规范（2020年版）》的规定，"向个人信息主体告知共享、转让个人信息的目的、数据接收方的类型以及可能产生的后果，并事先征得个人信息主体的授权同意。共享、转让经去标识化处理的个人信息，且确保数据接收方无法重新识别或者关联个人信息主体的除外……"，这表明，数据接收方获得的个人信息属于去标识化处理的个人信息，且无法识别或关联到个人信息主体的，则数据接收方不必再次征得个人信息主体的授权同意，否则将适用"知情同意"规则。第二，考虑开发和维护数据来源记录，保障企业在数据处理的各个阶段可以将数据追溯到源。第三，可以通过使用应用程序编程接口（API），数据库和文件放置"功能存储库"追求数据来源。第四，在必要情况下，授权开发人员记录数据叙述和数据日记以确保问责制，并提供有关使用什么数据、如何收集数据以及相应原因的清晰说明。第五，建立一个数据策略团队，该团队应具有适当控制权,可以有效地实现数据来源的追踪,保障数据处理的上游安全有效。第六,为了保障数据来源的安全性以及规范性,企业需要对数据传输方进行安全评估。在数据处理的日常工作中,企业应尽可能从在数据保护实践中确定的受信任的数据传输方来获取数据集。

二 确保数据质量

为了保障数据分析结果的规范性、合理性以及有效性,企业应对所投喂数据的质量加以重视。可根据数据集中的值与数据集描述的实体真实特征匹配的程度等方面加以考量,确认数据集的完整性,包括属性和项目;确保数据集的准确性,即数据的可信度,验证数据是否源自可靠来源;数据集最近被编译或更新的时间;分析数据集和数据收集环境的相关性,因为它可能影响对数据的解释和对预期用途的依赖;从多个数据集中连接的数据集的完整性(这里指的是提取和转换的执行程度);评估数据集的可用性,包括以机器可理解的形式构造数据集的程度;减少数据投喂分析的过程中可能产生的人为干预(如有人过滤了应用标签或编辑数据等)。

未来,企业在确保数据质量方面可以从以下几点进行考虑:第一,根据元数据详细检查数据,考虑开发数据注释分类法,以标准化数据标记过程。第二,考虑在训练数据集之前进行架构检查。第三,考虑在探索性数据分析阶段进行适当的处理以识别可能的错误和不一致之处。第四,考虑实施数据监视和报告过程,以删除和记录所有危害数据。第五,考虑创建基于法律和数据治理框架和标准制定的内部数据分类原则。第六,考虑实施监视机制,以确保对上游数据源的更改不会对模型产生不利影响。

三　最小化算法偏差

人工智能是由纯粹的，严格的数学逻辑驱动的。但即便如此，人工智能算法技术的运用仍然会被所接收数据影响，而产生具有偏见性的结果。算法偏差有很多类型。企业应当意识到，他们提供给人工智能系统的数据可能包含固有偏差（如算法技术根据企业所投喂的数据而产生意外性的歧视性决策），并且需要采取措施减轻这种偏差。

算法偏差包括两种常见类型：第一种是选择偏差，当用于生成模型的数据不能完全代表模型可以接收或运行的实际数据或环境时，就会发生这种偏差。数据集中选择偏差的常见示例是遗漏偏差和刻板印象偏差。遗漏偏差描述了数据集中某些特征的遗漏。例如，如果将仅包含亚洲人脸部的数据集用于包含非亚洲人的人群的面部识别训练，则会显示遗漏偏差。

第二种则是算法技术可能引起的测量偏差，指的是当数据收集设备导致数据朝特定方向系统倾斜时，就会发生这种偏差。例如，可以使用带有已关闭的滤色器的相机获取训练数据，从而使机器学习结果发生偏差。虽然识别和解决数据集中的固有偏差可能并不容易，但组织可以通过拥有异构数据集（即从各种可靠来源收集数据）来减轻固有偏差的风险。从数据属性和数据项的角度来看，另一种方法是确保数据集尽可能完整。数据属性过早删除可能使识别和解决内在偏差变得困难。主要指应当建立数据质量管理机制，完善信息管理流程，防止低质量数据出现。基于缩小选择偏差和测量偏差，企业可以从以下几个方面进行努力：第一，考虑采取措施减轻数据集中的固有偏差，尤其是在处理社会或人口统计数据的时候，应该对算法处理数据的结果进行预估或者实地观察，减少算法可能。第二，应对哪些数据字段可能包含敏感或受保护的属性进行预估，尽量避免该类数据字段影响数据分析结果。此外，考虑通过测量哪些数据字段可预测受保护和敏感属性、哪些数据字段可导致目标结果与仅受保护和敏感属性的代理相关，来检查间接偏差。第三，考虑自动镶嵌任何消费者的身体特征（例如面部）和其他个人身份信息是否对数据分析的目标产生切实效用，以防止在不必要时收集此信息，这样可以最大程度地减少基于个人数据而非交易行为产生偏见的潜在风险。第四，考虑是否有必要确定数据注释的潜在偏差。第五，考虑是否过早地从数据集中删除数据属性和数据项。第六，考虑使用统计工具评估偏差是否相关并进行持续监控以确保人工智能模型保持在预定义的参数范围内。第七，考虑创建包含数据集的人工智能库以测试潜在的意外偏差是否有用。第八，考虑定义组织要尝试发现和消除的偏见程度，例如，不同的待遇与不同的影响。第九，建立质量指标评估体系，评估用于人工智能模型的数据集是否适合模型设计目标，对于人工智能模型训练是否有用。

四 选用不同数据集用于训练、测试和验证

企业在开发人工智能技术时，为了检验技术的性能，需要选用不同数据集对模型进行训练，测试数据确定模型的准确性。在适用的情况下，还可以通过在不同的人口统计群体中进行测试，来检查该模型是否存在系统偏差，以观察是否有任何群体在系统上处于有利地位或不利地位。最后，可以使用验证数据集对训练后的模型进行验证。如果在准确性和表示性方面未导致数据质量显著降低，则将大型数据集拆分为子集就是有益的。但是，在不可能做到这一点

的情况下（例如，如果组织不使用大型数据集或像迁移学习，则无法使用预先训练的模型），人工智能企业则应当意识到系统偏见的风险并采取适当保障措施。企业在开展数据测试和训练时，可以注意如下要点：第一，训练人工智能模型后，考虑使用单独的验证数据集来验证人工智能模型；第二，考虑进行统计测试；第三，考虑是否有必要检查不同数据集之间的数据漂移并使人工智能对任何差异具有鲁棒性；第四，考虑是否有必要测试不同人工智能模型的结果以识别某个模型产生的潜在偏差。

五 定期检查和更新数据集

这主要要求人工智能企业谨慎地定期检查数据集（包括训练，测试和验证数据集），以确保准确性、质量、经济性、相关性和可靠性。必要时，可以使用人工智能产品在实际使用过程中获得的新输入数据来更新数据集。企业在加强数据更新方面，可以从如下方面考虑：第一，安排定期检查数据集是否仍然有效，对无效数据进行剔除，减少数据库的冗余，提高数据利用效率。第二，考虑是否需要定期使用实践中人工智能产品收集到的数据或从外部来源获得的新数据定期更新数据集。第三，考虑将责任分配给相关人员，以定期监视是否有新数据。第四，是探索技术工具实现在新数据可用时自动通知。第五，是定期重新训练并建立一个新的对抗机器学习模型，该模型可以预测数据是来自当前时期还是来自产品训练时期。第六，如果算法模型出现的偏差是可以解释的并且与数据中的偏差一致，则通过对模型进行调优处理来减轻算法偏差。

第四节　企业合规和法律政策的良性互动

一　静态结果监管向动态过程追踪转型

在传统的监管模式中，政府部门对于社会微观主体活动的监管主要是依据行为结果来进行判定的，即某一特定主体的行为结果是否对社会产生危害是政府部门决定是否施行监管措施的主要依据。但是在人工智能领域，由于人工智能具备自我决策、自我行动的能力，其产生的行为后果责任可能来源于从项目设立、算法设计、用户使用等全过程，因而政府部门的监管会逐渐扩大覆盖范围至人工智能全过程。人工智能企业要做到有效合规，应当注重对重要产品的全流程把控，既关注过程，又关心结果。在项目设计环节，需要尤其注意风险评估，保证项目运作的初衷是中立的、向善的，并且有强有力的风险管控机制。在技术和产品开发环节，需要依据国家法律政策要求，进行大规模、有层次的技术运行模拟，尽可能规避预料之外的运行结果。在用户使用环节，需要注重通过制定严密的、合规的用户政策来约束人工智能的运行，保证其不被用于从事违法犯罪活动。鉴于技术的开放性，人工智能企业还需要做好技术保密和责任划分工作。技术保密主要侧重于强化对算法的动态监测，保证相应的算法不能够被随便篡改或者截取，相应的社会数据能够按照规定的渠道运转、发挥作用。责任划分主要是建立系统的、严密的企业责任机制，保证国家法律政策要求范围的企业职责得到充分地履行，一旦发生不可预知的结果，能够从法律和政策上进行有效规制。同时，企业也应当积极承担社会责任，保持对人工智能产品运行状态的密切关注，如果发现有企业个体难以解决的问题，及时和相关部门做好沟通和报备。

二 外部单向监管向内外双向监测转型

政府部门通过运用不同类型的国家法律和政策来实现对不同产业、不同社会主体的监管。但是在人工智能高度发达的时代，这种模式难以保证监管质效的充分实现。一方面，这是由于人工智能天然地存在着技术壁垒，政府部门的监管手段存在着较大的局限性，难以充分履责，实现规范目标。另一方面，在当今时代，用户对产品以及企业的要求更加严格，希望企业能够主动担负起社会责任，保证人工智能产品的公正向善。在这样的形势下，企业要做到有效合规，也需要从应对外部监管和加强内部监测两个方面进行努力。应对外部监管，主要指的是要在企业内部成立强有力的法务合规部门，吸纳一批专业的法律人才，通过他们熟悉、了解和掌握国家对人工智能的监管法律和政策，为企业制定有效适应监管的发展策略，在遇到监管难题时，能够及时提供有效地应对方案。加强内部监测，主要指的是企业要加强内部治理，主动担负起维护人工智能产品良好运行秩序的社会责任，通过制定完善的人工智能产品发展运行情况的监测机制，确保人工智能发挥服务社会、服务大众的作用。一旦发生预料之外的负面结果，能够通过有效的沟通，得到政府和社会的理解和支持。

三 传统监管向政企合作治理转型

在传统的监管模式中，政府部门和企业的关系是监管和被监管的关系,某种意义上存在着一定的"对抗性"。随着人工智能技术的发展和现代监管体制的建立,这种模式发生了显著变化。人工智能技术进入无人区,企业迫切地需要政府部门的帮助,以实现人工智能技术的长期稳定发展。政府部门同样需要企业的帮助,以弥补监管力量和能力的不足。特别是在人工智能发展早期阶段,其运行发展高度依赖企业和行业自律。在这种形势下,企业要做到有效合规,主要是要加强与政府部门的合作,努力维持和发展共同治理的关系。企业可以通过完善和加强公共关系部门的职责,利用各种形式的公共关系活动,保持与监管部门的沟通和联系,利用多种渠道表达对人工智能产业监管的意见和建议,同时积极探索有效的人工智能监管方式,为政府监管提供借鉴。

第五章

人工智能产业监管

第一节 中国人工智能产业监管的发展导向

一 产业监管原则导向

人工智能技术的发展仍然处于上升期,因而监管机构不可能针对不断变化的人工智能技术具有的风险或损失制定详尽的监管要求。在全球人工智能产业监管实践中,原则性的监管措施成为重要内容,如日本颁布的《日本人工智能学会伦理准则》、新加坡颁布的《AI治理和伦理的三项倡议》、美国发布的《人工智能原则:国防部人工智能应用伦理的若干建议》等提出了公平、非歧视原则,透明、可解释、可溯源原则,安全、无害、稳健原则等等。2019年6月,国家新一代人工智能治理专业委员会发布了《新一代人工智能治理原则——发展负责任的人工智能》,提出了和谐友好、公平公正、包容共享、尊重隐私、安全可控、共担责任、开放协作、敏捷治理八项基本原则。[①]

从上述基本原则中,我们可以概括出在人工智能产业监管原则的基本导向。第一,密切政企部门之间的联系。人工智能技术的发展需要企业通过寻找技术发展价值,进行技术开发,实现相应前景。人工智能的有序发展要符合人类整体的发展需要、满足公共利

[①] 中华人民共和国科学技术部:《发展负责任的人工智能:新一代人工智能治理原则发布》,hhttp://www.most.gov.cn/kjbgz/201906/t20190617_147107.htm 发布时间:2019年6月17日,最后访问时间:2021年1月5日。

益以及符合公共价值观。政府监管机构应该加强与人工智能企业的合作，积极引导人工智能技术向好发展，人工智能企业要积极应对经济变革，通过与政府部门的之间的交流，发挥人工智能服务社会大众的作用，强化教育和培训职能，以有效手段推进透明和公平等，形成对公共价值的有益补充。第二，尊重用户合法权益。人工智能算法的准确性依赖于海量数据的获取和计算，个人信息日渐被数据化，被自动采集和分析及商业化。网络信息时代中，侵犯公民权利的方式日益增加，监管政策要求对个人隐私实行严厉的保护。人工智能企业应当顺应这种监管要求，加强企业内部治理，采取有效的措施，保证用户数据的采集合法合规。第三，确保安全可控。人工智能的可解释性、透明性、可控性和可靠性，是其长期稳定健康发展的关键要素。如若持续产生对社会的危害行为，那不仅对企业本身产生负面影响，也会不利于人工智能行业的发展。人工智能企业应当坚持安全选择，加强安全风险管控，尽可能减少因技术不完善而对社会公共利益产生的危害。第四，建立合理的责任分配机制。这主要指的是人工智能企业要积极履行其社会责任，其拥有者、设计者、使用者应当具备良好的自律意识和社会责任感，严守法规伦理准则和规范，为人工智能拥有者、设计者、使用者划定责任。这就要求人工智能系统必须能够在算法和运行层面追溯问题的来源，从而准确界定相关责任主体，为政府监管提供便利。第五，实现技术发展与监管规范之间的平衡。企业要尊重人工智能发展规律，优化内部治理，通过建立人工智能委员会等多种形式，实现对创新方向的把握，避免制定过激的发展政策，产生不可预料的负面影响。同时能够做到积极创新，最大可能发挥人工智能的积极作用。

二 监管政策影响分析

监管政策的施行主要目的在于为人工智能划定安全的发展轨道,"促进创新"和"推动规范"是对人工智能发展设定监管政策的重要目标,但是这二者之间存在一定的矛盾关系,监管政策也难免对人工智能技术发展产生或积极或消极的影响。

监管政策对人工智能技术发展会产生以下积极影响:第一,监管政策对行业内部治理提供了有利的外部补充。相较于监管部门而言,人工智能企业虽然更加熟悉人工智能技术和发展规律,但在内部治理上也有它的局限性。这主要体现在企业的力量相对来说还比较薄弱,无法拥有和政府部门相当的和社会公众沟通的能力,以及监管部门对违法违规的强制规范能力。合理的监管政策能够帮助企业加强人工智能内部治理。第二,监管政策维护了良好的产业发展秩序。人工智能正处在早期发展阶段,许多技术应用结果对社会的影响难以在短期内进行全面评估。特别是在竞争的环境下,如果人工智能企业争相制定激进的发展策略,罔顾公共利益,那么将会极大地损耗社会公众对人工智能的信任。监管政策的实行,有利于人工智能企业保持稳健的发展状态。第三,监管政策有利于企业形成规范的责任分担机制。一般来说,完善的监管政策会对人工智能拥有者、设计者、使用者,进行明确的责任划分,以便在人工智能产生负面后果的时候进行追责。这方面人工智能企业则是薄弱的,它的责任划分难以产生法定效应,也无法得到全社会的无条件认可。

监管对人工智能技术发展亦会产生消极影响:第一,监管政策可能导致技术研发受限。监管政策要求人工智能技术保持稳健有序的发展步伐,但是,此类要求往往缺少确切的指向,人工智能企业往往不能根据监管政策制定完全合乎自身技术进展的发展策略，从而对技术研发产生一定的拘束。第二，监管政策的落实需要企业加强研发成本投入。如果没有监管政策，那么人工智能企业对其产品的使用结果不负有明确的法律责任，完全可以直接推向社会进行使用。但是在监管政策的要求下，其必须要设定严密系统的运行监测机制，在算法正式运行之前还要进行大规模的封闭测试，这都会对企业运行产生一定的成本压力。第三，监管政策往往滞后于技术发展的动态，在人工智能领域目前尚未形成明确的法律监管体系，监管部门的直接干预、强制性措施仍是我国人工智能治理的常态和主要策略，缺少指导性的监管措施，往往是只能发挥一时的效果，不仅可能限制和侵犯网络用户的合法权益，还会为西方国家攻击指责中国监管体制提供"口实"。

综合两方面的影响来看，监管政策设计应保证各方"利益平衡"，在发生利益冲突的双方或者多方中建立起"同时达到最大目标而趋于持久存在的相互作用形式。"[①] 监管机构应"平衡"促进与规制的监管目标、合作与管控的监管路径、柔性与硬性的监管措施。人工智能企业应当"平衡"安全与发展之间的关系，既要顺应监管政策的要求，加强内部治理，有效管控风险，又要充分发挥主观能动性，在监管政策的框架范围内努力创新，在保证安全的前提下，以创新赢得市场、降低成本、减少风险。

三　公众参与与民主协商

为保证人工智能长期稳定健康的发展，不管是政府监管部门还

[①] 陈传夫：《信息资源公共获取与知识产权保护》，北京图书馆出版社2007年版，第27页。

是人工智能企业，都要广泛调动社会公众的力量，引导社会公众参与有关监管政策和用户政策的制定调整全过程。这就要求做到：第一，积极搭建政府和用户沟通的桥梁，利用行业优势，广泛地收集社会公众对人工智能发展的意见和建议，为政府监管部门完善监管政策提供有益借鉴。第二，监管政策的制定应保证多方主体的参与，吸收该领域的企业、专家对人工智能监管政策的看法，推动监管政策在稳健性和发展性之间保持平衡。第三，人工智能企业在用户政策制定的过程中，要和现有用户与潜在用户进行密切的沟通，充分理解社会公众对人工智能的忧虑和担心，并通过完善用户政策等方式进行积极回应。第四，监管部门和人工智能运用的开发企业应密切监测其产品运行状态，结合社会公众的意见，尽可能消除智能算法中的不确定性和模糊性，以更加积极的姿态赢得社会公众的信任。

四 风险评估与比例监管

风险评估和比例监管指的是在现行监管体制之下政府监管部门主要的两种监管路径。项目审查环节是监管机构进行监管的主要着力点，监管部门会组建专家团队对项目启动后可能产生的影响进行评估，识别项目中包含的各类风险，是否针对减轻风险有一套标准化的操作指南，设定风险容忍度等等。对于人工智能这一新兴技术而言，应警惕人工智能在技术应用、法律道德以及社会关系等领域的潜在风险。为确保人工智能技术平稳安全落地，监管机构对企业所开展的人工智能项目搭建风险评估框架是必然且重要的环节。

比例监管现在较多应用于金融和互联网监管领域，指的是要充分考量监管措施对于实现监管的目的，并且采取对自由发展影响最小的手段进行监管，实现公共利益和私人利益平衡。引申到人工智能领域，指的是监管措施需要最小化对人工智能产业和技术的发展，保证发展和安全的平衡。在当前的监管导向下，人工智能企业主要是通过加强内部治理，提高应对监管的适应性，力求风险最小化。同时，人工智能企业需统筹好创新和安全之间的关系，利用监管政策给予的发展空间，积极推动人工智能技术开发和应用。

第二节　国际人工智能产业监管的竞争导向

一　国家鼓励企业参与人工智能领域国际竞争

人工智能是引领新一轮科技革命和产业革命的战略性技术，具有极强的正外部性和"头雁效应"。某种意义上，人工智能是当今和未来国际竞争的战略必争之地。除了出台政策促进人工智能技术应用落地之外，国家应当鼓励人工智能企业树立国际竞争意识，突破欧盟等国的技术封锁以及意识形态打压，增强自主创新能力，围绕深度学习算法、开源系统框架等主题开展产学研联合攻关，促进科技创新和产业应用的协同开放发展，率先形成人工智能产业生态，抢占全球科技竞争主动权。企业应当顺应国家的这种监管导向，在提升发展安全系数的基础上，加快提升综合实力，努力抢占世界市场份额，参与标准与规则的制定，掌握更多话语权，争取在国际人工智能领域占据技术和市场高地。

二　人工智能领域的国际监管合作

人工智能技术的固有特性决定着其监管是全人类共同面临的难

题。随着人工智能技术的逐渐发展成熟，也没有哪一个国家有独自解决监管问题的底气。如欧盟在开展有关制定人工智能规范提议时，及时向外界发布初期影响评估报告，并在全世界范围内征求意见。美国信息技术行业委员会（ITI）则做出回应，指出在制定人工智能相关的政策时需要考虑到不同的人工智能应用场景以及不同的风险因素，在初期影响评估提出的各种政策方案的组合可能将是最平衡的方法[①]。

在人工智能监管上，国家应当坚持开放合作的心态，积极通过各种类型的国际组织同世界主要国家进行人工智能监管工作的沟通和联系，在世界范围内保持对人工智能领域违法犯罪的高压态势。当今世界，企业是全球化的主要力量。人工智能企业应当顺应这种监管导向，做到既符合本国监管法律政策要求，又能够始终保持国际视野和世界格局。这种导向也有利于企业在世界性和民族性之间保持微妙的平衡。

三 对抗人工智能领域的意识形态打压

"人工智能是受人类主体理性建构和制约下的产物，这种特点决定人的主体价值甚至社会价值观念必定融入整个设计过程之中。"[②] 当人工智能的"触角"逐渐伸入社会的每一个角落之时，人工智能承载着意识形态的特点必然会逐步显现。[③] 与之前几次工业革命在西方发达国家主导下产生不同，人工智能革命不再是西方国

[①] "ITI Submits Comments to the Inception Impact Assessment on Artificial Intelligence", September 10, 2020, https://www.itic.org/news-events/news-releases/iti-submits-comments-to-the-inception-impact-assessment-on-artificial-intelligence

[②] 沈江平：《人工智能：一种意识形态视角》，《东南学术》2019年第2期。

[③] 赵宝军：《人工智能对意识形态的操控风险及其化解》，《江汉论坛》2020年第2期。

家的专属物，许多发展中国家同样能占得一席之地。美国布鲁金斯学会2019年1月发布的《人工智能时代下的中美关系》中指出，美国视中国为人工智能领域的最大竞争对手，并且十分关注人工智能应用对美国国家安全的影响。人工智能技术可以成为加强意识形态对立的工具，特别是如果一方或双方利用这些技术干涉对方的国内政治事务。人工智能技术正在加剧中美之间的政治和意识形态紧张关系。人工智能领域的竞争正在被美国演化为一场争夺世界领导权的战略竞争。

为了改变资本主义国家主导创立的世界技术发展旧秩序，打破全球科技发展中利益固化的藩篱，增强中国的国际领导力。中国政府应该积参与国际人工智能伦理设计、技术规范、发展规划等重要活动，增强中国在人工智能技术发展中的话语权，让人工智能中不合理的资本逻辑得以祛除，让人工智能技术更好为实现人类的解放目标而服务。中国企业应助力人工智能技术的自主创新，响应政府在人工智能方面的发展要求以及监管规范，积极运用技术力量矫正人工智能的技术漏洞和人为缺陷，保障人工智能不成为少数技术资本精英侵犯公民合法权益的先进工具，发挥好人工智能委员会的作用，运用人工智能伦理准则规范企业从业人员的思想和行为，积极通过国家法律政策加强对用户信息的保护和算法治理，满足最广大人民群众的根本利益。

四 引领人工智能技术标准应用

作为新兴技术和新兴产业，人工智能相关技术标准的制定对于未来人工智能产业发展具有关键性的支撑作用。目前，欧美等国凭借自身技术优势，利用其在人工智能专利结构和顶级科研团队的技术成熟度、企业的丰富度和融资规模的全球领先地位，将人工智能作为维护其全球科技领先地位的主要策略，让人工智能技术为资本服务。"人工智能技术发展将通过改革生产要素构成的方式，为人类带来巨大的经济产业效益与深刻的社会与生活方式变革。但如果被引向全球大国争霸的方向，特别是其过程和结果可能对当下全球价值链体系产生本质性改变，人工智能将加剧全球动荡与失衡。潜在的、巨大的技术竞争的不确定性和战略风险，呼吁建立基于技术可控、规则可控、竞争可控、影响可控的开放式国际准则，以及良性的竞争与合作模式。"[1]

为打破全球网络空间中利益固化的藩篱，抢占和保证人工智能领域的竞争制高点，推动国家在规则体系变革中发挥主导作用，建立公平、开放、符合大多数国家利益的人工智能技术标准，不断提高在全球人工智能治理领域的话语权和领导能力。中国应积极参与人工智能国际规则的制定，政府应鼓励企业和科研机构积极参与自动驾驶、服务机器人、智能安防等领域国际标准以及人工智能伦理、法律、安全等方面国际规则制定。企业应当顺应这种监管导向，在机构设置、技术开发方面进行前瞻性部署，积极通过相应国际组织表达中国政府以及中国科技企业的主张，让人工智能技术和产品标准不仅是中国的更是世界的。

五 跟踪学习域外先进技术

当前，美国、日本、德国等世界科技与军事强国高度重视人工智能技术创新和产业发展前景，制定了国家研究与发展计划，投入

---

[1] 李括：《美国科技霸权中的人工智能优势及对全球价值链的重塑》，《国际关系研究》2020年第1期。

了大量的研究经费,并且,相较于中国,在人工智能核心技术上处于优势的地位。[①] 中国政府应当鼓励人工智能企业建立开放包容的合作模式,积极跟踪人工智能技术发展制高点和热点,学习借鉴新理论、新技术。企业也应当顺应这种发展趋势,瞄准人工智能技术和应用国际制高点,加强技术攻关,加强自主创新能力,努力做到引领世界技术发展,努力产出更多重大原创性人工智能领域创新成果。此外,企业须加强和国外企业、专家、协会的联系和合作,保证企业发展方向始终紧跟乃至领跑世界潮流。

第三节 探索面向未来的新兴产业监管工具

一 政策指南和指导框架

政策指南和指导框架是一种相对宽松兼具指导性的监管工具。政府监管部门应当考虑利用现有的法定机构发布非监管政策声明、指南、测试或部署框架等,以营造一个开放的创新环境,鼓励人工智能企业进行技术创新应用。同时,以上这些新兴产业监管工具,可以不局限于政府部门作为发布主体,亦可以通过行业协会等发布自律条例等方式进行。

二 试点计划和监管实验

人工智能企业应当考虑,在现有法律政策授权的基础上,为特

[①] O'Meara S, "Will China lead the world in AI by 2030?", *Nature*, 572 (7770), 2019.

定的人工智能应用程序提供"安全港"试点计划。这样的程序包括黑客马拉松、技术冲刺、挑战和其他类型的试点程序等事件。作为该计划的一部分，人工智能企业可能会收集有关人工智能应用程序的设计、开发、部署、操作或结果的数据，以增进他们对收益和风险的理解，便于为未来的规则制定和非监管方法提供有效借鉴。如果这些信息关乎重大公共利益，并且将对特定利益相关者造成消极的影响，则人工智能企业应考虑定期向公众通报新兴趋势，以帮助协调研究工作。

三 鼓励自愿性共识标准

在人工智能治理体系尚未健全之际，监管机构应当引导以及鼓励人工智能企业和其他利益相关者参与制定与人工智能应用有关的自愿性共识标准，构成一种非政府、以市场为导向的人工智能规制机制。尽管不具有法律约束力，但自愿性共识标准的建立有助于帮助人工智能行业建立规范的发展模式，增加技术发展的透明度，提高效率与生产率，改善风险评估与风险预防，提升整个人工智能行业的声誉与形象，用市场和社会的惩罚代替国家法律制裁。"面对现代市场经济中的种种利益冲突，自愿性标准体系中的自愿规则以及与之关联的合格评定和标签机制为市场主体提供了更广泛且更可接受的解决问题渠道。"[1] 在人工智能治理发展的未来中，自愿性标准将成为重要的政策工具以及市场化的约束机制。

---

[1] Kirton J. J., Trebilcock M. J., *Hard choices, soft law: Voluntary standards in global trade, environment and social governance*, Routledge, 2017, p.5.

第六章

人工智能治理展望

面对人工治理这一共同问题，各国纷纷发布人工智能伦理价值导向纲领，并在纲领中进一步细化人工智能应当满足的制度规范。根据 Jobin 等三位学者的不完全统计，截至 2019 年下半年，全球范围内已经有近百种算法伦理纲领。① 整体而言，对人工智能伦理应当包含的原则，世界各地正逐渐达成共识。这些共识既包括无害（为善）、可信赖、人类中心等相对抽象的原则，也包括透明、公平、安全、可问责、保护隐私等相对具体的规制建议。从纲领发布者的分布来看，呈现出明显的"自我规制与多元治理共存"模式。一方面，企业在发布者中占比最高。另一方面，政府、研究机构及非政府组织，同样占据显著的比例。② 现有的规制方案，呈现出人工智能未来治理的三个导向，即伦理价值、算法规制与隐私保护。

第一节　伦理价值导向

首先是无害原则。从风险管理的视角出发，将人工智能造成危害的概率和幅度降到最低，是纲领之间最鲜明的"公约数"之一。欧洲议会有关算法决策的报告，对此有全面的阐释：算法决策，一方面，"可能削弱平等、隐私、尊严、自治及自由意志等基本原则"，并导致算法歧视问题。另一方面，"也可能对健康、生活质量

---

① Anna Jobin, Ienca Marcello and Vayena Effy," The global landscape of AI ethics guidelines", *Nature Machine Intelligence* 1.9, 2019.
② Anna Jobin, Ienca Marcello and Vayena Effy," The global landscape of AI ethics guidelines", *Nature Machine Intelligence* 1.9, 2019.

及人身安全带来风险"。① 澳大利亚政府则以两项原则反映风险管理这一点：第一是"不作恶"，人工智能不应该危害或欺骗个体，而应该最小化所有可能的负面后果。第二，对于人工智能还应进行整体性的损益平衡，确保积极影响大于负面损害。② 在日本，官方纲领同样以两项原则强化这一要求，一是"有助人文"，强调在设计、开发及使用人工智能的过程中，应当注意保护人类安全。二是"安全"，重申发展人工智能过程中安全可控的重要性。③ 此外，即使是从军事角度审视人工智能的美国国防部，同样担忧人工智能因其"独有的特征与脆弱性"，可能带来"无法预料的负面结果"，强调开展风险管理的必要性。④

对风险的关切，直接塑造了各国纲领中对规制方案的建议。澳大利亚规制报告提议仿照隐私领域的"隐私影响评估（PIA）"，进行"算法影响评估"。⑤ 具体说来，需要评估的风险类型包括物理损害、影响人数、隐私安全等多种，再依幅度大小，分为不重要、轻微、重要、重大、至关重要等五级。结合风险幅度，以及风险事件发生频率高低，可以综合评估算法影响，结果分为低、中、高、极高四级。对不同等级的影响，应当分门别类采取不同应对措施，低

---

① C. Castelluccia, D. Le Métayer, "Understanding algorithmic decision-making: Opportunities and challenges", *Study*, *Panel Future Sci. Technol.*, *Eur. Parliamentary Res. Service*, 2019.

② D. Dawson, et al., "Artificial intelligence: Australia's ethics framework", Data61 CSIRO, Australia, 2019, p6, p57 – 63.

③ ［日］日本人工智能学会伦理委员会：《日本人工智能学会伦理准则》（*The Japanese Society for Artificial Intelligence Ethical Guidelines*），2017 年 2 月，http://ai-elsi.org/wp-content/uploads/2017/05/JSAI-Ethical-Guidelines-1.pdf.

④ ［美］美国国防部：《人工智能原则：国防部人工智能应用伦理的若干建议》（*AI Principles-Recommendations on the Ethical Use of Artificial Intelligence by the Department of Defense*），2019 年 10 月，https://media.defense.gov/2019/Oct/31/2002204458/-1/-1/0/DIB_ AI_ PRINCIPLES_ PRIMARY_ DOCUMENT. PDF。

⑤ D. Dawson, et al., "Artificial intelligence: Australia's ethics framework" *Data*61 *CSIRO*, Australiam, 2019.

级别对应内控、测试及核查行业标准,中级别还需评估影响、拟定风控计划、接受外部测试,高级别则需进一步设立专员、咨询专家、寻求法律建议,并与政府、同业协作,制定建议采取的措施。如果算法可能带来极高的风险,通常应当避免使用算法。① 与此类似,在军事场景中,纲领同样建议"采取低风险的应用""对未成熟或有风险的应用保持谨慎",并开展风险评估。②

其次是"可信赖"原则。在"无害"原则之外,另一非常有影响力的原则取向,是欧盟高级专家组力主的"可信赖"原则。③ 据专家组报告称,"可信赖"原则包含三部分,一是守法,要求人工智能"遵守欧盟所有的法律与条例";二是合乎伦理,确保人工智能与伦理原则和伦理价值一致;三是在社会与技术层面稳健,此处特别强调,"即使怀抱善意,人工智能也有可能造成意想不到的损害"。④ 对于合法原则,欧盟的政策动向尚有待观察。从荷兰法院判决的 SyRI 案⑤看来,相关制度体系并未完全明晰。值得注意的是,专家组没有排除将伦理原则及稳健要求纳入法律的可能性。⑥ 对于"可信赖"原则在伦理层面的具体展开,欧盟进一步将其拆分为七

---

① D. Dawson, et al., "Artificial intelligence: Australia's ethics framework" *Data61 CSIRO*, Australiam, 2019. 可与我国网络安全分级保护制度比较。
② [美] 美国国防部:《人工智能原则:国防部人工智能应用伦理的若干建议》(*AI Principles-Recommendations on the Ethical Use of Artificial Intelligence by the Department of Defense*), 2019 年 10 月,https://media.defense.gov/2019/Oct/31/2002204458/-1/-1/0/DIB_AI_PRINCIPLES_PRIMARY_DOCUMENT.PDF。
③ AI. HLEG, "High-Level Expert Group on Artificial Intelligence", *Ethics Guidelines for Trustworthy AI*, 2019.
④ AI. HLEG, "High-Level Expert Group on Artificial Intelligence", *Ethics Guidelines for Trustworthy AI*, 2019. 此处亦可与欧盟新近提出的"技术主权"思路比较。
⑤ 本案争议焦点是荷兰政府能否在税收系统中采取不透明的反欺诈系统,尤其值得有关企业注意。荷兰当地法院最终裁决政府不得采取相应算法。值得注意的是,裁决并未援引 GDPR 中有关"自动化决策"的部分,而援引了欧盟《欧盟人权条约(ECHR)》。
⑥ AI. HLEG, "High-Level Expert Group on Artificial Intelligence", *Ethics Guidelines for Trustworthy AI*, 2019.

点：人类主体；技术稳健与安全；隐私与数据治理；透明；公平、多样性与不歧视；社会与环境福祉；可问责。① 在第三层面，欧盟提出了"可信赖人工智能评估"设想。与澳大利亚风险管理的视角不同，欧盟版评估制度从伦理角度切入，从以上七方面出发，就每一方面向人工智能的所有利益攸关者提多个问题，根据回答形成评估结论。② 两国规制中切入点的差异，可能显著影响后续具体制度的走向。

最后是"人类中心"原则。"人类中心"则是不同纲领文件中又一鲜明的"公约数"。欧盟纲领对此有充分展开，还将"人类主体"定义为首要的人工智能伦理原则。该原则可以继续细分为：人类与人工智能的适当分工，包括对人工智能是否增强人类能力的评估，也包括人类可能过度信任人工智能的担忧；人类对人工智能的控制，包含人类对人工智能的知晓、监督、干预、审计等；以及对自主学习智能可能造成风险的特别强调。③ 该原则的具体细节已经纳入可信赖人工智能评估。因此，人类中心价值取向直接影响了欧盟的具体规制举措。④ 此外，澳大利亚等国颁布的纲领同样强调"确保人类对智能技术居于主导地位"。⑤ 在国际层面，除强调人类主体地位外，对如何落实人类中心仍有其他建议。例如，在总结欧洲各国纲领基础上，Access Now 版本纲领主张强化"用户控制"，

---

① AI. HLEG, "High-Level Expert Group on Artificial Intelligence", *Ethics Guidelines for Trustworthy AI*, 2019.

② AI. HLEG, "High-Level Expert Group on Artificial Intelligence", *Ethics Guidelines for Trustworthy AI*, 2019.

③ AI. HLEG, "High-Level Expert Group on Artificial Intelligence", *Ethics Guidelines for Trustworthy AI*, 2019.

④ AI. HLEG, "High-Level Expert Group on Artificial Intelligence", *Ethics Guidelines for Trustworthy AI*, 2019.

⑤ D. Dawson, et al., "Artificial intelligence: Australia's ethics framework", *Data*61 *CSIRO*, Australiam, 2019.

提议为个体及公众参与提供足够资源及机会。① 又如，日本纲领指出，应警惕"为个体过度依赖的人工智能操纵个体决策及情感"的可能性。② 最后，人类中心的立场还会影响其他对具体规制方向的解释。譬如，在阐述"可解释性"时，欧盟即以"能够为人类所理解"为可解释性的构成要件，并以此区别可解释性与透明性。③

总之，在法律伦理及价值导向这一相对宏观层面，无害、可信赖及人类中心原则在较广范围内获得普遍认可，并塑造了对更为细致的规制举措的建议与理解。

第二节 算法规制导向

一 算法透明

在算法透明方面，欧盟的定义影响最为广泛，"算法透明指可提供算法的代码、相关设计文档、参数及训练数据集"。④ 欧盟同时强调，透明并不一定意味着需要向公众开放。仅供特定机构审计或验证，同样可以称为透明。⑤ 例如，针对美国政府机构采用人脸等

---

① Access Now：《欧洲人工智能监管建议》(*Mapping Regulatory Proposals for Artificial Intelligence in Europe*)，2018 年 11 月，https：//www.accessnow.org/cms/assets/uploads/2018/11/mapping_regulatory_proposals_for_AI_in_EU.pdf。

② [日] 日本总务省：《人工智能利用原则草案》(*Draft AI Utilization Principles*)，2018 年 7 月，https：//www.soumu.go.jp/main_content/000581310.pdf。

③ C. Castelluccia, D. Le Métayer, "Understanding algorithmic decision-making：Opportunities and challenges", *Study, Panel Future Sci. Technol., Eur. Parliamentary Res. Service*, 2019.

④ C. Castelluccia, D. Le Métayer, "Understanding algorithmic decision-making：Opportunities and challenges", *Study, Panel Future Sci. Technol., Eur. Parliamentary Res. Service*, 2019.

⑤ C. Castelluccia, D. Le Métayer, "Understanding algorithmic decision-making：Opportunities and challenges", *Study, Panel Future Sci. Technol., Eur. Parliamentary Res. Service*, 2019.

生物识别技术的行为,有非政府组织起诉美国司法部、联邦调查局及边境管理局等部门,要求有关部门公开一切"政策指导、指引文档、政策备忘录、法律备忘录、相应软件的技术评估、购买记录、选择标准、审计记录等资料"。① 少数欧盟国家已就相应概念立法。法国《数字共和国法》(*the Law for a Digital Republic*)对"数字平台运营者"课以义务:在对个体作正面、负面或者排序评价时,应以"清晰、公平与透明"方式告知受影响个体评价的准则,以及有关准则在评价决策中的作用。② 简言之,在当前的算法规制格局中,算法透明的地位与重要性相当突出。

不过,算法透明原则仍存在许多局限:第一,由于代码等内容通常难以为专业领域以外人士所理解,对众多受算法影响的个体而言,算法透明本身难以构成有效救济。③ 相比其他可问责渠道而言,算法透明是算法规制过程的一个起点。④ 第二,有关算法透明在现行法律中的地位仍存明显争议。一方面,对国家安全、知识产权及商业秘密的保护,均有可能与涉及的"提供算法的代码、相关设计文档、参数及训练数据集"直接冲突。⑤ 实践中,也不乏基于商业秘密反对算法透明要求的声音。⑥ 另一方面,在目前最重要的、被认为涉及算法透明的法律文件 GDPR 中,相关内容的法律位阶并未

---

① *ACLU v. DOJ* 起诉状第 5 页。
② C. Castelluccia, D. Le Métayer, "Understanding algorithmic decision-making: Opportunities and challenges", *Study*, *Panel Future Sci. Technol.*, *Eur. Parliamentary Res. Service*, 2019.
③ C. Castelluccia, D. Le Métayer, "Understanding algorithmic decision-making: Opportunities and challenges", *Study*, *Panel Future Sci. Technol.*, *Eur. Parliamentary Res. Service*, 2019.
④ C. Castelluccia, D. Le Métayer, "Understanding algorithmic decision-making: Opportunities and challenges", *Study*, *Panel Future Sci. Technol.*, *Eur. Parliamentary Res. Service*, 2019.
⑤ C. Castelluccia, D. Le Métayer, "Understanding algorithmic decision-making: Opportunities and challenges", *Study*, *Panel Future Sci. Technol.*, *Eur. Parliamentary Res. Service*, 2019.
⑥ C. Castelluccia, D. Le Métayer, "Understanding algorithmic decision-making: Opportunities and challenges", *Study*, *Panel Future Sci. Technol.*, *Eur. Parliamentary Res. Service*, 2019.

明确。尽管GDPR第13条、第14条明确要求：对画像等自动决策，个人数据控制者应当向数据主体提供"为公平和透明处理所必须的信息"，这些信息包括自动决策蕴含的逻辑、可能对数据主体造成的后果及严重程度等等。① 固然有观点认为此处包含算法透明，但从GDPR整体及相关判例出发，也有声音认为此处并不存在相应权利。② 欧洲议会报告中未对此给出明确结论，仅以相对模糊的方式声称："争议集中于权利的可适用性，而非权利本身的形态，具体将由立法者、数据保护当局及法庭决定。"③ 第三，算法透明可能在技术层面无法充分实现，也有可能与算法性能、安全及隐私保护等要求冲突。④

综合以上分析来看，有关算法透明仍有较大讨论余地。⑤ 有关规制的趋势，正在从透明转向可解释。例如，尽管欧盟高级专家组的"可信赖"伦理仍包含透明原则，细究其含义，此处的透明，不再意味着简单的公开，而是可以细化为以下三种要求：第一，对人工智能可能发生的错误或风险，应当保持可溯源。第二与第三点均与"解释"密切相关。第二，是"可解释性"。在算法可能对个体生活造成显著影响时，要求提供对组织决策过程、系统设计取舍及为何应用算法的解释。同时，算法解释应"与利益攸关者的专业程

---

① C. Castelluccia, D. Le Métayer, "Understanding algorithmic decision-making: Opportunities and challenges", *Study*, *Panel Future Sci. Technol.*, *Eur. Parliamentary Res. Service*, 2019.

② C. Castelluccia, D. Le Métayer, "Understanding algorithmic decision-making: Opportunities and challenges", *Study*, *Panel Future Sci. Technol.*, *Eur. Parliamentary Res. Service*, 2019.

③ C. Castelluccia, D. Le Métayer, "Understanding algorithmic decision-making: Opportunities and challenges", *Study*, *Panel Future Sci. Technol.*, *Eur. Parliamentary Res. Service*, 2019.

④ D. Dawson, et al., "Artificial intelligence: Australia's ethics framework", *Data61 CSIRO*, Australiam, 2019; 亦见Access Now《欧洲人工智能监管建议》(*Mapping Regulatory Proposals for Artificial Intelligence in Europe*), 2018年11月, https://www.accessnow.org/cms/assets/uploads/2018/11/mapping_regulatory_proposals_for_AI_in_EU.pdf.

⑤ 参见Anna Jobin, Ienca Marcello and Vayena Effy," The global landscape of AI ethics guidelines", *Nature Machine Intelligence* 1.9, 2019.

度相适应"。第三,是"保持沟通",再次强调应"以对沟通对象而言适合的方式,与人工智能从业者及终端用户沟通人工智能系统的性能及局限"。① 在欧洲议会的规制框架中,可解释性同样与隐私、安全及可问责并列,成为算法规制的四种具体取向之一。② 其他地区的纲领也呈现类似趋势:澳大利亚将"透明"与"可解释"并列,强调算法当"清晰""可理解"③;日本与欧盟相似,以"可追溯"和"可解释"替代透明,并强调"无意要求公开算法、源代码或训练数据"。④

鉴于该情形,怎样实现算法可解释性是当务之急。欧盟对此问题的研究相对充分。根据欧洲议会的报告,算法解释有以下三类方式:

一是"黑盒"解释。此类解释只需知晓算法输入及输出,而无需知晓算法内部细节。相关研究进展很多,在"局部模型不相关解释(LIME)"等具体的实现方案上已取得长足进展。有学者循此思路给出更加具体的"反事实解释",既有对特定数据集的代码实现,又有对相应解释合乎 GDPR 有关要求的法理论证。⑤ 不过,当算法应用系统相对复杂时,获取输入输出数据结果可能相当困难。此

---

① 关于以上三点要求,参见 C. Castelluccia, D. Le Métayer, "Understanding algorithmic decision-making: Opportunities and challenges", *Study*, *Panel Future Sci. Technol.*, *Eur. Parliamentary Res. Service*, 2019.

② C. Castelluccia, D. Le Métayer, "Understanding algorithmic decision-making: Opportunities and challenges", *Study*, *Panel Future Sci. Technol.*, *Eur. Parliamentary Res. Service*, 2019.

③ D. Dawson, et al., "Artificial intelligence: Australia's ethics framework", *Data*61 *CSIRO*, Australiam, 2019.

④ [日] 日本总务省:《人工智能利用原则草案》(Draft AI Utilization Principles), 2018年7月, https://www.soumu.go.jp/main_content/000581310.pdf。

⑤ 参见 Wachter, Sandra, Brent Mittelstadt, and Chris Russell, "Counterfactual explanations without opening the black box: Automated decisions and the GDPR", *Harv. JL & Tech.* 31, 2017。

外,有关算法解释能否广泛适用于生活中的多样场景仍然存疑①。

二是"白盒"解释。此类解释要求知晓算法内部细节,可能面临与算法透明相似的众多困难。

三是与"基于设计的隐私"颇为相似的"构造性解释"。② 在设计环节纳入可解释性,有两种具体思路。其一,采取本身即具备可解释性的算法,如线性回归模型;其二,在模型本身未必可以解释的前提下,训练另外一个辅助的模型,产生与前述模型结果一致而又可以解释的结果。此处方案颇具诱惑力,不过,仍处于讨论阶段。③

综上,鉴于可解释议题尚有长足发展空间,在技术成熟前更加合适的做法是厘清可能与算法解释相冲突的价值原则,并为已有或将有的解释手段制定评估标准。对前者,解释可能让对算法的恶意攻击更加便利,从而对各利益攸关方造成损失。同时,解释可能对竞争者对算法的复制更加方便,造成对知识产权或商业秘密的侵害。此外,设计不够完善的解释,有造成训练数据泄露的可能,可能导致对隐私的侵犯。最后,为提供解释,可能需要在一定程度上牺牲算法性能或算法公平。④

可解释性,既是算法规制过程的"起点",是实现可问责等要求的前提,又与算法规制的其他方向存在张力。同时,解释本身所

---

① 对有关讨论,可参见 C. Castelluccia, D. Le Métayer, "Understanding algorithmic decision-making: Opportunities and challenges", *Study*, *Panel Future Sci. Technol.*, *Eur. Parliamentary Res. Service*, 2019.

② 相关讨论也称其为"基于设计的解释"。C. Castelluccia, D. Le Métayer, "Understanding algorithmic decision-making: Opportunities and challenges", *Study*, *Panel Future Sci. Technol.*, *Eur. Parliamentary Res. Service*, 2019.

③ C. Castelluccia, D. Le Métayer, "Understanding algorithmic decision-making: Opportunities and challenges", *Study*, *Panel Future Sci. Technol.*, *Eur. Parliamentary Res. Service*, 2019.

④ C. Castelluccia, D. Le Métayer, "Understanding algorithmic decision-making: Opportunities and challenges", *Study*, *Panel Future Sci. Technol.*, *Eur. Parliamentary Res. Service*, 2019.

追求的多重理想性质，未必能全部同时实现。现阶段任务应定位于寻求适当的平衡点。除非是刑事司法程序等涉及个体生命健康权益的场景，一般而言，不宜对算法透明或可解释性施加太高的要求。对此类场景，监管可以考虑设立专门的机构，要求提交完整代码，并以保密的方式检验代码。[①] 因此，在评估特定解释方案时，应当考虑可解释性与安全、隐私及公平等各方面的取舍。对特定的解释方案，则有以下评估指标：

第一，解释应当对个体而言易于理解。

第二，解释是对算法的解释，这意味着解释应当忠于算法的实际输出，不应出现不合理差异。

第三，解释应当相对细致，为个体提供足够多的、关于算法决策的细节。

第四，解释应更加完备，对算法的各类输出均有定义。

第五，解释当具备一致性，既不会自相矛盾，也不会与人类常识矛盾。[②]

二 算法公平

算法公平是各国拟定规制举措时的又一个焦点议题。在谈论"可信赖"原则时，欧盟将"公正、多样性与不歧视"并列为"公平"原则，并提出以下三种要求：利益攸关者的参与，将受算法影

[①] 例如，可参见 Nathalie Nevejans, "European civil law rules in robotics", European Union (2016) 及美国第116届国会 H. R. 4368 议案。

[②] 从法理角度出发、针对透明原则的批评，对可解释性也大体适用。C. Castelluccia, D. Le Métayer, "Understanding algorithmic decision-making: Opportunities and challenges", *Study, Panel Future Sci. Technol., Eur. Parliamentary Res. Service*, 2019.

响者，应有机会参与算法设计、开发、使用及更新的全过程；① 在设计算法中，应保持算法以人为本、普遍可用。具言之，用户不会因为在年龄、性别或是否残障等各方面的差异，而无法从算法中受益；以及算法结果不在性别、种族或文化等维度造成歧视。② 在澳大利亚纲领中，公平是"算法影响评估"的要素之一。倘若算法对平等保护等人权造成负面影响，将构成"重大"或"至关重要"级别的风险。③ 在日本纲领中，公平原则包含三项组成部分：训练数据应当具备充分代表性，避免在种族、宗教或性别维度的偏差；算法输出不应在种族、宗教或性别维度造成歧视；如果存在歧视，则应引入人工纠正的考量。④ 即使是军事导向的美国国防部纲领，同样强调"平等""深思熟虑，以避免预期之外偏误"的重要性。⑤ Access Now 对各国纲领的比较佐证了平等原则的普遍性："许多算法战略讨论偏差风险与去除歧视的必要……"⑥

不过，具体到算法公平的落实仍旧存在很多困难。首先，诚如 Access Now 总结的，"大部分规制建议，仅为'软法'模型，而未能与现有规制原则接轨……部分大规模数据应用……可能免于数据

---

① 有趣的是，欧盟在此处同样使用了算法"生命周期"这一概念，见于 AI HLEG, "High-Level Expert Group on Artificial Intelligence", Ethics Guidelines for Trustworthy AI, 2019.

② AI HLEG, "High-Level Expert Group on Artificial Intelligence", Ethics Guidelines for Trustworthy AI, 2019.

③ D. Dawson, et al., "Artificial intelligence: Australia's ethics framework", Data61 CSIRO, Australia, 2019.

④ ［日］日本总务省：《人工智能利用原则草案》（Draft AI Utilization Principles），2018年7月，https://www.soumu.go.jp/main_content/000581310.pdf。

⑤ ［美］美国国防部：《人工智能原则：国防部人工智能应用伦理的若干建议》（AI Principles-Recommendations on the Ethical Use of Artificial Intelligence by the Department of Defense），2019年10月，https://media.defense.gov/2019/Oct/31/2002204458/-1/-1/0/DIB_AI_PRINCIPLES_PRIMARY_DOCUMENT.PDF。

⑥ Access Now：《欧洲人工智能监管建议》（Mapping Regulatory Proposals for Artificial Intelligence in Europe），2018年11月，https://www.accessnow.org/cms/assets/uploads/2018/11/mapping_regulatory_proposals_for_AI_in_EU.pdf。

保护框架的规制……"。① 换言之，现有设想可能过于理想化。其次，尽管各方普遍认同"公平"概念，但在具体层面上暂无普遍共识。澳大利亚纲领的总结相对委婉："什么是'公平'？这取决于你的问题是什么……公平终究要落到特定统计量上。研究者已经为定义何谓算法公平提出了许多概念，其间许多概念，从一个角度看，效果非常不错，再从不同角度审视，结果又十分糟糕……"② 欧洲议会的立场则相对直白："对算法公平的讨论常常流于修辞，而缺乏严谨及准确。实际上，定义算法公平，远非轻而易举；已有概念之间，时时未能相容……"。③ 最后，各国多有要求平等、禁止歧视的法律，如何确保算法公平规制与现有法律框架相合，讨论同样缺失。④ 因此，在算法公平方面，探索的色彩更浓，谨慎的必要性更强。

诚然，相关领域远非空白。譬如，欧洲议会列举了数种"落到特定统计量"的定义。不妨将性别标记为需要避免歧视的敏感变量（尚有其他众多非敏感变量），其中一种定义，要求在考虑所有非敏感变量后，引入敏感变量，不会对算法处理结果产生影响。另一种定义则强调，算法的正确率当在不同性别群体间保持一致。此外，还有多种其他定义。⑤ 不过，仅是前两种相对来说比较简明的定义，

---

① Access Now：《欧洲人工智能监管建议》（Mapping Regulatory Proposals for Artificial Intelligence in Europe），2018 年 11 月，https：//www.accessnow.org/cms/assets/uploads/2018/11/mapping_ regulatory_ proposals_ for_ AI_ in_ EU. pdf。

② D. Dawson, et al. , "Artificial intelligence：Australia's ethics framework", *Data*61 *CSIRO*, Australia, 2019.

③ C. Castelluccia, D. Le Métayer, "Understanding algorithmic decision-making：Opportunities and challenges", *Study, Panel Future Sci. Technol. , Eur. Parliamentary Res. Service*, 2019.

④ Access Now：《欧洲人工智能监管建议》（Mapping Regulatory Proposals for Artificial Intelligence in Europe），2018 年 11 月，https：//www.accessnow.org/cms/assets/uploads/2018/11/mapping_ regulatory_ proposals_ for_ AI_ in_ EU. pdf。

⑤ C. Castelluccia, D. Le Métayer, "Understanding algorithmic decision-making：Opportunities and challenges", *Study, Panel Future Sci. Technol. , Eur. Parliamentary Res. Service*, 2019.

在数学上已经无法同时实现。① 欧盟因此认为："对算法公平的具体界定并非技术问题，而是公共政策问题。"② 考虑到歧视可能源于算法生命周期的任一环节，因此解决问题的难度陡然而生。仅就目前而言，歧视来源包括：算法目标的设定；训练数据不具代表性；对训练数据的标记有偏；算法对数据的处理方式带有偏误；算法在应用时引入并强化偏误等等。③ 如何在链条中的每一环满足多种可能自相矛盾的公平指标，并无令人满意的答案。最后，与可解释性类似，追求算法公平，同样可能对算法性能、透明等造成负面影响。④ 因此，算法公平同样需要面对与其他原则相协调的问题。

鉴于以上多种因素，在继续探索算法公平的同时，应采取综合的考量、不偏废的特定思路。具体而言，依欧盟建议，可以将算法生命周期划分为三阶段，并分别引入不同的反歧视举措。⑤

第一是"处理前阶段"，主要针对训练数据，在以数据训练算法前，先评估敏感变量与标签间的相关性，再通过特定的处理技巧移除相关性数据，令数据不存在偏误。然而，这一方法可能导致算法性能的下降。

第二是"处理阶段"。通过引入"无歧视"约束，可以消除算法输出的歧视。不过，相应方案仍处前沿，没有成熟到能够落地的阶段。

第三是"处理后阶段"。这一思路既不调整原始数据，也不更

---

① C. Castelluccia, D. Le Métayer, "Understanding algorithmic decision-making: Opportunities and challenges", *Study, Panel Future Sci. Technol., Eur. Parliamentary Res. Service*, 2019.
② C. Castelluccia, D. Le Métayer, "Understanding algorithmic decision-making: Opportunities and challenges", *Study, Panel Future Sci. Technol., Eur. Parliamentary Res. Service*, 2019.
③ 参见 Bo Cowgill, E. Tucker Catherine, "Algorithmic Fairness and Economics", 2020。
④ Bo Cowgill, E. Tucker Catherine, "Algorithmic Fairness and Economics", 2020。
⑤ C. Castelluccia, D. Le Métayer, "Understanding algorithmic decision-making: Opportunities and challenges", *Study, Panel Future Sci. Technol., Eur. Parliamentary Res. Service*, 2019.

易既有算法，而是由不歧视标准出发，校正算法输出。相应方法，同样存在可能影响算法性能等局限。①

最后，还可以借鉴澳大利亚提出的风险评估思路：一方面，对歧视风险分级，将注意力集中在"（大面积）影响人权"的负面结果上；另一方面，在评估风险时，需要兼顾反歧视与其他多种风险的交互作用。② 最后，既然算法公平很可能是"公共政策问题"，无法纯由技术纾解，强调利益攸关方的参与对话，同样是不可替代的解决进路。③ 在安防、医疗或司法等高风险场景中，应当尤其注重运用上述思路，防患歧视问题于事前。

三 算法安全

算法安全，是各国拟议规制举措的另一"交点"。如欧洲议会总结："算法安全是需要考虑的重要议题……未能实现算法安全可能带来致命损害……"④ 之后，欧盟纲领指出：算法在从训练到应用的每一环节，都有可能出现安全问题。因此，对安全的追求，应贯穿算法生命周期的每一个环节。⑤ 在评估算法是否"可信赖"时，"技术稳健与安全"位列评估的第二项，仅次于"人类中心"。⑥ 其

---

① C. Castelluccia, D. Le Métayer, "Understanding algorithmic decision-making: Opportunities and challenges", *Study*, *Panel Future Sci. Technol.*, *Eur. Parliamentary Res. Service*, 2019.

② D. Dawson, et al., "Artificial intelligence: Australia's ethics framework", *Data61 CSIRO*, Australia, 2019.

③ AI HLEG, "High-Level Expert Group on Artificial Intelligence", Ethics Guidelines for Trustworthy AI, 2019.

④ C. Castelluccia, D. Le Métayer, "Understanding algorithmic decision-making: Opportunities and challenges", *Study*, *Panel Future Sci. Technol.*, *Eur. Parliamentary Res. Service*, 2019.

⑤ C. Castelluccia, D. Le Métayer, "Understanding algorithmic decision-making: Opportunities and challenges", *Study*, *Panel Future Sci. Technol.*, *Eur. Parliamentary Res. Service*, 2019.

⑥ AI HLEG, "High-Level Expert Group on Artificial Intelligence", Ethics Guidelines for Trustworthy AI, 2019.

间项目具体包括：算法是否可能遭受攻击；是否采取安全措施；是否可能在超出设计预期的环境内运行；是否曾评估安全风险，并考虑相应补救措施；是否曾评估算法性能，并思虑对算法失能的相应补救；是否曾评估算法结果的可复制性，并考虑如何保障相应结果的可复制性；是否曾评估用户对算法的信赖状况，并考虑如何确保用户对算法的信赖等。①

在澳大利亚的"算法风险评估"中，算法安全风险的幅度，与相应损害可能影响的个体数量，都是评估时必需考虑的指标；② 对安全的需求，在军事应用中尤其凸显。美国国防部将安全作为基本原则之一，要求智能算法"安全、稳健、在使用范围内确保算法生命全周期的安全"；③ 更加广泛的国际比较显示：算法安全，是所有国家在规制算法时都会考虑的原则。④ 因我国已在网络安全领域建立相对完善的制度体系，安全方面一般有较成熟做法可以遵从。算法可解释性，是算法规制过程的"起点"；算法公平与安全，是规制的"焦点"和"交点"。

四 算法可问责性

可问责性，则堪称算法规制的"核心"，统摄其他多项原则。

---

① AI HLEG, "High-Level Expert Group on Artificial Intelligence", *Ethics Guidelines for Trustworthy AI*, 2019.

② D. Dawson, et al., "Artificial intelligence: Australia's ethics framework", *Data61 CSIRO*, Australia, 2019.

③ ［美］美国国防部：《人工智能原则：国防部人工智能应用伦理的若干建议》（*AI Principles-Recommendations on the Ethical Use of Artificial Intelligence by the Department of Defense*），2019 年 10 月，https://media.defense.gov/2019/Oct/31/2002204458/-1/-1/0/DIB_AI_PRINCIPLES_PRIMARY_DOCUMENT.PDF。

④ Access Now：《欧洲人工智能监管建议》（*Mapping Regulatory Proposals for Artificial Intelligence in Europe*），2018 年 11 月，https://www.accessnow.org/cms/assets/uploads/2018/11/mapping_regulatory_proposals_for_AI_in_EU.pdf。

如欧洲议会所述："我们认为可问责性是至高的原则"，①"一旦算法具备可问责性，算法既有可能变得更加透明，也有可能减少不公平与歧视……"。② 在论述"可信赖风险评估"时，欧盟高级专家组如此设定可问责性的有关问题：算法的处理过程及输出是否可追溯；算法是否可能影响个体基本权利；是否曾从各利益攸关者角度出发，对算法进行风险评估；是否曾识别受算法影响的利益与价值，并考量算法对有关利益与价值的影响；是否曾识别算法可能造成的危害，并考量如何补救有关危害。③ 可见欧盟对算法可问责性寄予的期望，几乎涵盖了前面提到的所有伦理取向及规制方向。在其他纲领中，可问责同样具备重要地位。日本强调算法应兼顾对消费者用户、非直接用户和受影响第三方等各方的责任，认为可问责有利于建立社会对算法的信任。④

按欧洲议会的观点，可问责性通常包括以下两点：一方面，"设计、开发或使用算法者应当就自己的决定，向各利益攸关方提出论据；另一方面，在上述根据不充分时，接受相应惩处。⑤澳大利亚与 Access Now 基于国际比较的观点则更加强调后者，认为在算法

---

① C. Castelluccia, D. Le Métayer, "Understanding algorithmic decision-making: Opportunities and challenges", *Study, Panel Future Sci. Technol., Eur. Parliamentary Res. Service*, 2019.

② C. Castelluccia, D. Le Métayer, "Understanding algorithmic decision-making: Opportunities and challenges", *Study, Panel Future Sci. Technol., Eur. Parliamentary Res. Service*, 2019.

③ AI HLEG, "High-Level Expert Group on Artificial Intelligence", Ethics Guidelines for Trustworthy AI, 2019.

④ ［日］日本总务省:《人工智能利用原则草案》(*Draft AI Utilization Principles*)，2018年7月，https://www.soumu.go.jp/main_content/000581310.pdf。

⑤ Castelluccia, C., and D. Le Métayer, "Understanding algorithmic decision-making: Opportunities and challenges", *Study, Panel Future Sci. Technol., Eur. Parliamentary Res. Service* (2019) 第27—30页。

造成损害时，应清晰划分有关责任。①综合而言，前者已经部分被算法解释和算法公平覆盖，后者相对而言更为紧迫、既有解答更为粗疏。Uber 的自动驾驶事故，是该问题的典型案例。②

2018 年时，Uber 所有的自动驾驶车辆导致一名行人死亡。后续调查报告显示：路面的低可见度、人类司机的粗疏和自动驾驶车辆安全系统的故障，都有可能是事故成因。显然，此处算法未能充分满足可问责性原则。同时，由于争议各方最终选择庭外和解，这一典型案例没有在制度建设方面带来太多经验。无法清晰划分责任，可能已显著阻碍了人工智能的推广。反之，倘若能够建立普遍适用的问责机制，不仅可以助推人工智能发展，亦可贯彻人类主体的伦理导向。③这一点体现在多种场景中：例如，针对智能投顾，在即将开庭审理的 Li 诉 Costa 案中，如何分配因算法自动交易造成的巨额投资损失，将深刻影响后续智能投顾产业的发展与具体规制。④又如，在设想机器人规制时，欧洲议会多次强调划分损害责任的重要性，称："这是需要在欧盟层面分析并解决的、至关重要的议题……"⑤

可问责性居于算法规制的核心，实现清晰问责，同样需要结合之前提到的几乎所有规制方向。以设想较为成熟的欧盟方案为例：在法律层面，监管与非强制性的对话都很重要。前者，如数据保护

---

① D. Dawson, et al., "Artificial intelligence: Australia's ethics framework", *Data*61 *CSIRO*, Australia, 2019; Access Now：《欧洲人工智能监管建议》（Mapping Regulatory Proposals for Artificial Intelligence in Europe），2018 年 11 月，https://www.accessnow.org/cms/assets/uploads/2018/11/mapping_regulatory_proposals_for_AI_in_EU.pdf。

② D. Dawson, et al., "Artificial intelligence: Australia's ethics framework", *Data*61 *CSIRO*, Australia, 2019.

③ D. Dawson, et al., "Artificial intelligence: Australia's ethics framework", *Data*61 *CSIRO*, Australia, 2019.

④ 参见 https://futurism.com/investing-lawsuit-ai-trades-cost-millions。对算法在投资场景中的更多应用，可以参见 SEC 简报 Investor Bulletin: Robo-Advisers。

⑤ 参见 Nathalie Nevejans, "European civil law rules in robotics", European Union, 2016.

等有权机关,应当(至少是部分地)担负监管特定算法的责任。后者,可以考虑建立针对算法责任的伦理委员会,以充分吸收专家与各利益攸关方的意见,并发布指南。①此处亦可与算法公平等监管方向上的广泛参与相结合。在技术层面,算法透明(可解释)可以直接促进可问责性、公平与安全等原则,同样有利于可问责性的实现。因此,应当综合运用相应技术方案,以实现清晰问责。欧洲议会进一步指出:协助第三方测试、核验并认证算法,以及协助用户以有意义的方式与算法交互,都是建议考虑的方案。② 最后,无论是欧盟的"可信赖算法评估"抑或是澳大利亚的"算法影响评估",均以可问责性为关键指标之一。③

以上,将可问责性置于统一框架中考虑,在无害、可信赖及人类中心等价值理念指导下,全面包容利益受算法影响的主体,并持续、谨慎、充分考量可问责与可解释、公平、安全及隐私等维度的互动,是回答责任问题、并充分协调各规制方向的必由之路。

第三节 隐私保护导向

在众多算法规制方向中,隐私保护无疑是最贴合实际、也最具影响的方向之一。截至 2020 年 3 月,已有近 120 个国家或地区通过

---

① C. Castelluccia, D. Le Métayer, "Understanding algorithmic decision-making: Opportunities and challenges", *Study, Panel Future Sci. Technol., Eur. Parliamentary Res. Service*, 2019.

② C. Castelluccia, D. Le Métayer, "Understanding algorithmic decision-making: Opportunities and challenges", *Study, Panel Future Sci. Technol., Eur. Parliamentary Res. Service*, 2019.

③ AI HLEG, "High-Level Expert Group on Artificial Intelligence", Ethics Guidelines for Trustworthy AI, 2019; D. Dawson, et al., "Artificial intelligence: Australia's ethics framework", *Data61 CSIRO*, Australia, 2019.

数据保护法,从而为算法收集、使用数据设置了一定程度的门槛。①同时,所有纲领都将隐私列为原则之一。由 GDPR 中对数据的生命周期保护出发,在评估"可信赖人工智能"时,欧盟高级专家组列出以下准则:算法使用何种类型的数据、何种类型的(敏感)个人数据;在使用数据训练算法时,是否始终恪守隐私保护中的(敏感)个人数据最小化原则;是否已采取措施,便利数据主体访问并控制个人数据;是否采取加密、匿名化或加总等方式保护隐私;数据隐私官(如果设有这一职位的话)是否在算法设计、开发早期即已介入等等。②澳大利亚方面,隐私是"算法影响评估"的第一项因素。算法未经明示同意即使用个人数据,可能构成"重大"风险,算法采用医疗数据等敏感个人数据,则可能构成"至关重要"风险。③日本规定,采用算法应以不侵害他人隐私为前提。④国际层面的比较,同样佐证了各国对(数据)隐私权的普遍重视。⑤

其间仍有微妙之处。首先,对算法如何影响隐私,现有探讨并不充分。如 Access Now 总结:"……数据保护当局在 GDPR 语境下进行的分析,和各国算法战略中有关隐私的部分,其中差距令人震惊……"⑥换言之,对"大规模数据收集"及"相应监控"的研

---

① 相关统计见于 https://www.dlapiperdataprotection.com/index.html?t=about&c=AO。
② AI HLEG, "High-Level Expert Group on Artificial Intelligence", Ethics Guidelines for Trustworthy AI, 2019.
③ D. Dawson, et al., "Artificial intelligence: Australia's ethics framework", *Data*61 *CSIRO*, Australia, 2019.
④ [日] 日本总务省:《人工智能利用原则草案》(*Draft AI Utilization Principles*),2018年7月,https://www.soumu.go.jp/main_content/000581310.pdf。
⑤ Access Now:《欧洲人工智能监管建议》(Mapping Regulatory Proposals for Artificial Intelligence in Europe),2018年11月,https://www.accessnow.org/cms/assets/uploads/2018/11/mapping_regulatory_proposals_for_AI_in_EU.pdf。
⑥ Access Now:《欧洲人工智能监管建议》(Mapping Regulatory Proposals for Artificial Intelligence in Europe),2018年11月,https://www.accessnow.org/cms/assets/uploads/2018/11/mapping_regulatory_proposals_for_AI_in_EU.pdf。

究，尚有极大深化空间。① 其次，在隐私以外，部分纲领也强调改善算法训练数据的质量。例如，在对"可信赖人工智能"的评估中，数据质量及一致性的提问，同样考虑数据隐私一项。② 日本方面，数据质量与数据隐私并列，共同作为算法伦理的基本原则："……应当在考量有关人工智能系统特征及使用场景的前提下，注重人工智能所用数据的质量（包括准确率和完整性）……注重人工智能判断正确率受损或下降的情形……"③ 对于数据密集型产业，海量优质数据在一定程度上是智能算法充分进步的前提。

然而，保护数据隐私，不可避免地导致可用数据数量、质量的下降，进而遏制人工智能发展。④ 例如，"数据最小化"原则，令企业只能在预先知晓并明示的用途下利用数据。与此同时，挖掘大数据，本就意在找出难以预见的关联。又如，若规制严格限制数据分享，企业间将形成"数据孤岛"，导致数据的重复、低质量收集。此时，恰如Zarsky引述："在算法决策场景中合乎GDPR规定既不现实，又蕴含深深悖论。"⑤ 这也可以很好地解释GDPR生效后，Jia等三位学者的以下发现：GDPR的实施，导致欧盟境内企业的融资金额下降约26.5%，融资笔数下降约17.6%。对创立0—3年的初创企业，及创立9年以上的成熟企业来说，上述负面影响尤其严重。

---

① Access Now：《欧洲人工智能监管建议》（Mapping Regulatory Proposals for Artificial Intelligence in Europe），2018年11月，https：//www.accessnow.org/cms/assets/uploads/2018/11/mapping_ regulatory_ proposals_ for_ AI_ in_ EU.pdf。

② HLEG, AI. "High-Level Expert Group on Artificial Intelligence", *Ethics Guidelines for Trustworthy AI* (2019) 第28页。

③ ［日］日本总务省：《人工智能利用原则草案》（*Draft AI Utilization Principles*），2018年7月，https：//www.soumu.go.jp/main_ content/000581310.pdf。

④ Tal Z. Zarsky, "Incompatible: the GDPR in the age of big data", *Seton Hall L. Rev.* 47, 2016.

⑤ Tal Z. Zarsky, "Incompatible: the GDPR in the age of big data", *Seton Hall L. Rev.* 47, 2016.

此外，GDPR 可能导致欧盟境内就业岗位减少了 5000—30000 个。①

主体间围绕数据质量的互动不止于此。Beraja 等三位学者的分析在因果层面证实：来自政府的订单与数据资源，很可能是国内人脸识别产业迅速发展的关键因素。② 综上，严格甚或"悖论般"的监管，既有可能伤及企业充分利用数据，又因此影响投资者对企业的预期，并进一步对数字经济整体发展与社会充分就业带来负面冲击。而政府层面的政策与数据扶持，则有可能成为企业与产业层面的外在助力。其中张力，不容小觑。几乎所有纲领，都没有回应这一相当尖锐的矛盾。

如何在保障隐私前提下改善可用数据数量、质量，建设健康丰富的数据生态，将是之后值得特别注意的议题。从现有研究看，社会整体隐私观念的提升，可能慢慢纾解这一对立。③ 具言之，在隐私意识相对较强的欧盟地区，GDPR 生效之前，数据主体常采取"混淆"等方式保护隐私。对依赖 cookies 等方式识别用户、相应投放广告以获取收益的企业而言，这一点对数据质量有显著影响。由于同一用户可能前后对应多个 cookies，而非始终如一，将不同 cookies 视为不同用户，并相应投放，难言完全准确。GDPR 生效以后，用户可以灵活选择是否同意接受 cookies 追踪，清除企业收集数据亦相当方便。由此，对隐私较为敏感的用户，拒绝追踪；对隐私相对而言不敏感或乐于接受广告投放者，则允许企业一贯追踪。结果，由于"同一用户对应多个 cookies"这一现象的大幅下降，企业所有

---

① 参见 Jian Jia, Zhe Jin Ginger, Wagman Liad., "The short-run effects of GDPR on technology venture investment", No. w25248, *National Bureau of Economic Research*, 2018。

② 参见 Martin Beraja, Yang David, and Yuchtman David, "Data, Autocracy, and the Direction of Innovation: Evidence from China's AI Industry, 2020.

③ 以下相关部分，参见 Guy Aridor, et al, "The Economic Consequences of Data Privacy Regulation: Empirical Evidence from GDPR", Available at SSRN (2020)。

数据质量上升。根据 Aridor 等四位学者的实证估计：首先，尽管 GDPR 减少了企业收集的数据数量，不过，企业以算法分类用户的准确率，并未因此受损；其次，企业投放广告的点击率并未显著下降。恰恰相反，企业由广告实时竞价中获得的平均收益，还有轻微但显著的上升。以上，尽管建设数据生态是一个涉及面错综复杂的难题，伴随经济水平发展、隐私观念相应上升，[①]隐私保护与数据生态间的关系，预计将更为和睦。对企业而言，这也意味着合规成本的相应下降。

总之，在数据隐私方面，对大型企业而言，合乎各国隐私有关法律的必要性日益凸显，合规成本亦逐日增加。各国隐私意识的普遍增加，可能部分缓解这一对立。此外，和算法规制的其他方向一致，企业应当密切注意隐私保护技术的新发展。对此，欧洲议会已经认可联邦学习和基于同态加密的云端学习在隐私保护中的应用前景。[②]对持有大量个人数据、从而可能进行大规模监控的企业而言，有必要预先完善隐私风险评估、监管机构沟通等工作，以求与数据保护当局及其他算法监管者形成信任。最后，隐私同样是可问责性乃至算法规制框架的组成部分，在保护隐私时，亦应注重与其他价值理念及规制方向的协调平衡。

[①] 参见 Rho, Eugenia Ha Rim, Alfred Kobsa, and M. H. Nguyen, "Differences in Online Privacy & Security Attitudes Based on Economic Living Standards：A Global Study of 24 Countries", 2018.

[②] C. Castelluccia, D. Le Métayer, "Understanding algorithmic decision-making：Opportunities and challenges", *Study*, *Panel Future Sci. Technol.*, *Eur. Parliamentary Res. Service*, 2019.

第 七 章

结论：走向人工智能综合治理

第一节　合众为一：企业合规与多元治理共同发力

在设计算法规制体系时，企业、政府、研究机构及非政府组织均系活跃主体。在算法所涉利益攸关方日增的前提下，多元治理是算法规制领域的必然走向。如此，企业既需要实现自我规制，又要积极与各方协调合作。以下首先讨论自我规制的要素，再探讨企业在多元治理体系中可以发挥的作用。

尽管可问责性问题并未完全明晰，企业仍很有可能构成算法责任的主体。对此经济合作与发展组织对人工智能的法律规制建议最为清晰。报告首先定义"人工智能行动者"为"在人工智能系统生命周期中扮演活跃角色的组织或个体，包括使用或运营人工智能的组织或个体"。显然，这一定义涵盖使用运营算法的企业。其次，与报告之前的部分一致，有关建议明确指出："人工智能行动者"应保证相应智能算法"以人类为中心""公平""透明并可解释""稳健且安全""具备可问责性"等等。这一思路也体现在既有的算法规制举措中。

面对这一趋势，企业应未雨绸缪。澳大利亚纲领提供了可以参考的方案。一方面，如前所述，企业可以对照"算法影响评估"，核算自身在透明（可解释）、安全、公平及隐私保护等多方面的风险。另一方面，对不同水平风险，企业可以提前制定甚或实施风险化解预案。具体措施包括且不限于：归纳总结国家及行业层面的现有标准；对企业算法的各个环节（包括算法训练及应用等等）进行测试；逐步着手，将各项算法风险纳入监控范围；向算法规制及法律专家咨询；在风险敞口较大、程度较高时，任用专人进行应对；以及在风险极高时，暂时停止使用相应算法。值得注意的是，除去由风险类型出发的澳大利亚纲领，亦可借鉴欧盟专家组提出的"可信赖人工智能评估"方案，对照问题列表，逐项评估企业对相应伦理规制原则的遵从状况。同时，对欧盟已经提示的高风险应用，亦应保持注意，此处包括但不限于：涉及对个体的（大范围）识别或跟踪；如类人机器人等，个体未必知晓人工智能存在的情形；如（大面积）评分等，可能减损个体基本权利的情形；或者用于致死性自动武器的情形。一旦企业涉及有关应用，亦宜及时评估并监控风险、并向算法规制及法律专家咨询。对大型数字企业而言，这一点尤其重要。

  大型数字企业既是规制方案的被动接受者，又是确定规制方向的重要参与者。这一点同样得到多个纲领的认可。例如，针对"高风险"算法应用（如上所述，仅次于一般应当避免的"极高风险"情形），澳大利亚纲领提议：企业当与其他业界相关方共同编制指南。此处亦可与国内情形相比较：大型数字企业常常是有关国家标准及行业公约编撰的"主力军"。此外，我国企业逐渐深度参与国际标准制定，诸如蚂蚁集团在"生物特征识别多模态融合"立项方面的成功，则可在国际范围内帮助企业的合规工作。实际上，由于算法规制中鲜明的学科交叉特性，在编定规制纲要时，监管者通常会参考其他主体的成果。这一点在欧洲议会版本的纲领中尤其明显：在解释隐私、安全、可解释等规制方向的内涵时，纲领引述了多种业界或学界开发的工具，并以此阐述对规制方向的愿景。如此而言，如果企业可以在对应方向上取得标志性成果，并以此与监管者主动沟通、汇报规制的利弊、存在的障碍及行业实践情况等，相比被动合规,企业将占据更大程度的主动。

自我规制,只是算法规制领域的"第一步"。两方面的因素决定了企业必须应对多元规制这一格局。首先,监管者强调多元规制的重要性。OECD 对人工智能的法律规制建议包含以下内容:"政府应当为可信赖人工智能建设数字生态系统……如此生态系统当包含数字基础与数字基础设施,并以适当方式促进人工智能知识在人工智能各利益攸关方之间的分享……"同一建议既突出中小企业在生态中的重要性,又强调"政府与人工智能各利益攸关方"的合作,还浓墨重彩凸显"社会对话"的重要性。多元治理体系在欧盟"可信赖人工智能"纲领中的体现更为充分:一方面,这一纲要的起草与定稿,本身便参考了众多利益攸关方的意见;另一方面,纲要明确提出,"让利益攸关方参与到人工智能系统生命周期的全过程。促进培训和教育,使所有利益攸关方均知晓并熟悉可信赖人工智能……"在国际比较层面,恰如 Access Now 报告总结的:在欧美各国,政府与企业、社区与学术界的合作频繁,常常成为正面的典范。其次,在确认透明(可解释)、公平及可问责等规制方向时,各利益攸关方的参与是非常重要的。在全球化、数字化日益深化的今天,将受算法(尤其是大型数字企业所采用的算法)影响的利益攸关者,其范围及数目均空前扩张。

综上,多元治理格局的不断强化,既是对算法规制领域的贴切描述,又是监管者的共同理念,还是日渐明显的发展趋势。对企业而言,积极参与和监管者的"社会对话"是最好的选择。隐私领域的实践已然证明:最能实现良好保护效果的模式,并非监管者"高高在上"、企业"按表打勾",而是双方频繁交流、"教学相长"。学术界方面,监管者频繁征引研究者对算法安全、透明及隐私等主题的研究成果。大型数字企业既可尽快将相关成果实用化,亦可通过为研究者提供实践资源等方式，在前沿研究上拔得头筹。在部分国家或地区，与当地主攻算法伦理或数字隐私的非政府组织保持良好关系，同样非常重要。无论是发达国家的 ACLU 还是发展中国家的 Nubian Rights Forum（NRF）等代表性案例，都对相关制度的走向具有显著影响。最后，作为大型数字企业，也有必要为不断涌现的新兴利益攸关方做好准备。在合适情形下，建立保持开放的伦理委员会，并以此为桥梁，促进与上述多主体的合作，是应对规制变局的良策。

第二节 以人为本：人力、算力、智力深度融合

算法正与生活的每一侧面深度融合。① 个体每日读到的新闻，由算法挑选、排序并推送。无需放眼未来，在媒体、教育及出版等行业，算法已发挥重要作用。个体如何出行？自动驾驶已开展路试，或在不远的将来投入量产。在市场交易方面，经算法量化的交易者逐渐成为市场的"生力军"，这将是算法交易的未来。同时，在电子商务市场上，算法既助益定价，又便利价格歧视，甚至成为横向垄断的工具。算法既是市场的"天使"，也会变化为"算法魔鬼"。从手机到智能音箱、从机械伴侣到教育机器人，对话人工智能已经普遍，效果有时几近真人。实践中，相关发展已经到了欧盟专门发出警告的地步。② 在交友约会上，配对算法几乎是所有主流平台的标配。我们既依赖算法认识自己，③ 我们身处的家和城市也

---

① 参见 Iyad Rahwan, et al., "Machine behaviour", *Nature* 568.7753, 2019。
② AI HLEG, "High-Level Expert Group on Artificial Intelligence", Ethics Guidelines for Trustworthy AI, 2019.
③ 参见 Gina Neff, Dawn Nafus, *Self-Tracking*, MIT Press, 2016。

充满了算法的调度。① 算法决定我们得到什么工作，算法让许多个体失去工作，算法日益成为工作本身。② 算法产生的分数，逐渐代表个体的声誉与社会信用。③ 最后，算法逐渐主宰个体的生死，基于算法之医疗，因算法襄助之武器，个体生命或死或生。④ 当人工智能充分发展，毫不夸张地说：人工智能，即构成生活本身。

如此，今日具体规制方案未必继续适宜。不过，伦理取向及规制方向，不会因此失效。在"可信赖人工智能"的纲领末尾，欧盟高级专家组满怀期待地宣称："对个体基本权利的重视铭刻在欧盟基因当中……可信赖人工智能有关纲领将成为欧洲在创新、尖端人工智能领域领先的基础。这一充满抱负的愿景，将确保欧洲公民在个体及集体层面均繁荣发展……"⑤ 同一纲领并称，对强人工智能等"黑天鹅事件"的经常性评估，应当成为、也正在成为欧盟算法评估框架的一部分。⑥ 这一思路，同样可以为企业带来启发。一方面，企业同样可以在纲领中添入对强人工智能的期许；另一方面，也是更为重要的一点，即使人工智能短期内未必能充分发展，对前

---

① Stefan Ducich, "These walls can talk: Securing digital privacy in the smart home under the Fourth Amendment", *Duke L. & Tech. Rev.* 16, 2017; Robert Brauneis, Ellen P. Goodman, "Algorithmic transparency for the smart city", *Yale JL & Tech.* 20, 2018.

② Pauline T. Kim, "Data-driven discrimination at work", *Wm. & Mary L. Rev.* 58, 2016; Valerio De Stefano, Negotiating the algorithm: Automation, artificial intelligence and labour protection, *No.* 994998792302676, International Labour Organization, 2018; Mary L. Gray, Suri. Siddharth *Ghost Work: How to Stop Silicon Valley from Building a New Global Underclass*, Eamon Dolan Books, 2019.

③ 参见 Mikella Hurley, Adebayo Julius, "Credit scoring in the era of big data", *Yale JL & Tech.* 18, 2016.

④ AI HLEG, "High-Level Expert Group on Artificial Intelligence", *Ethics Guidelines for Trustworthy AI*, 2019.

⑤ AI HLEG, "High-Level Expert Group on Artificial Intelligence", *Ethics Guidelines for Trustworthy AI*, 2019.

⑥ AI HLEG, "High-Level Expert Group on Artificial Intelligence", *Ethics Guidelines for Trustworthy AI*, 2019.

述"黑天鹅事件"的预期，仍将在一定程度上塑造未来规制的大方向，甚至是当前规制的具体内容。在把握技术趋势方面，企业（尤其是大型数字企业）的优势得天独厚。实际上，企业很多时候就是有关技术的发源地。此时，通过参与多元治理等渠道，企业可以更为主动的方式，将技术方向反映在规制期许之中，为发展留下"提前量"。同时，当算法日益成为生活的组成部分，乃至未来生活的核心，在算法设计、开发及应用的全过程中贯穿"人类中心"或"人类本位"价值的重要性，同样会越来越重要。

另一值得注意的进路，是寻找"算法无关"或"技术无关"的规制方案。"算法无关"的定义为：与具体的算法或数据分析方法无关，因而各类型算法的设计及应用。[①]"技术无关"的定义为：与特定软件、系统或技术无关，适用于各类开发语言及数据存储方案。[②] 二者均系对规制方案通用性的刻画，相比算法无关，技术无关的通用程度更高。仅具算法无关，而未曾达到技术无关的方案，可能只适用于特定的系统或技术，而不适用于其他系统或技术。尽管这一目标颇具诱惑力，不过，仅就当前而言，无论是评估算法的危害或风险，还是进行"可信赖人工智能评估"，抑或判断算法价值取向是否为"人类中心"，都很难抛开技术细节遑论软件、系统或技术。在具体规制方向上，这一点尤其明显。例如，以算法公平为例，"……研究者已经为定义何谓算法公平提出了许多大概念，其间许多概念，从一个角度看，效果非常不错，再从不同角度审

---

① P. D. C. Singapore, "A proposed model artificial intelligence governance framework", 2019.

② P. D. C. Singapore, "A proposed model artificial intelligence governance framework", 2019.

视，结果又十分糟糕……"① 从各个角度看，现有规制方案距离"算法无关"或"技术无关"而言都很遥远。不过，对大型数字企业而言，一旦能够制定"算法无关"或"技术无关"的方案，并令相应方案成为主流，长期回报将异常丰厚。毕竟相应方案将长期存续。因此，无论是寻觅方案，还是从"算法无关"或"技术无关"方向改进现有方案，都不失为值得投入的方向。

当然，方案未必需要纯粹的"算法无关"或"技术无关"。规制算法，宜既有高层次而通用的原则，又有循场景变通的细节。这方面，欧洲议会对在民事层面将智能机器人纳入法治框架的构想是一典型案例。② 在原则层面，除算法透明外，欧洲议会格外强调：智能机器人应当满足《欧洲联盟条约》等法律中设定的多种价值，包括且不限于为善/不作恶、个体自主、遵循正义、保护尊严、保护平等、不歧视、保护私人生活、保护个人信息等等。从此处表述及其他相关纲领或设想看，欧盟认为：这些价值是"算法无关"甚至"技术无关"的，无论是算法，还是智能机器人，都需要遵从这些原则。同时，在构想的后半部分，针对智能机器人应用场景的多样性，欧洲议会又按无人驾驶、无人机、家政机器人、医疗机器人与人类增强机器等场景的差异，各自提出了符合场景特色的规制提议。部分提议可以视为上述原则的直接应用，例如，对人类增强机器应当在极高水平上保证机器代码的透明与安全；部分则可以视为原则与技术的深入耦合，例如，对无人机，应当引入规定，确保可以实时知晓无人机的位置。由此，未来的规制方案，很可能呈现"两头强化"的趋势：既有相当通用的原则，又有在具体场景中愈发"下沉"的要求。

---

① D. Dawson, et al. ,"Artificial intelligence: Australia's ethics framework", Data61 CSIRO, Australia, 2019.

② Nathalie Nevejans, "European civil law rules in robotics", European Union, 2016.

第三节　技法融合：技术推广与法治保障要素结合

在算法与生活融合这一趋势中，法治领域的融合显得格外重要。以上内容，几乎都是站在制度角度，对技术发展提出愿景与要求。然而，智能算法也在改变法治本身的形态。如 Rahwah 等学者所总结的：算法已用于自执法至量刑等各项环节。① 典型案例之一，即提示法官嫌疑人再犯风险的评估算法 COMPAS。② 多国纲领均关注 COMPAS 在司法程序中的应用。欧洲议会进行了连篇累牍的分析，由此阐明算法歧视危害的严峻性，以及定义算法公平的困难性。③ 澳大利亚纲领以此为例说明：将算法用于法治，既可能损害"不作恶"等伦理取向，又可能与公平、透明（可解释）、隐私保护等多种具体方向相悖。④ 具言之，与美国应用中出现的种族歧视现象相似，有关算法在澳大利亚的应用，可能对原住民等边缘群体有所歧视。为此，政府应当在测试及监控相应算法方面投入更多，并消除已经引起广泛批评的偏差问题。以上，算法提高了法治的效率，但也可能严重侵害个体的基本权利。⑤ 甚至，有众多研究者批评：滥

---

① 参见 Iyad Rahwan, et al., "Machine behaviour", Nature 568.7753, 2019.
② 对相关软件的简介，可参见 COMPAS Risk & Need Assessment System Selected Questions Posed by Inquiring Agencies. http://www.northpointeinc.com/files/downloads/FAQ_Document.pdf (last visited Jan. 5, 2021).
③ C. Castelluccia, D. Le Métayer, "Understanding algorithmic decision-making: Opportunities and challenges", *Study, Panel Future Sci. Technol.*, *Eur. Parliamentary Res. Service*, 2019.
④ D. Dawson, et al., "Artificial intelligence: Australia's ethics framework", *Data61 CSIRO*, Australia, 2019.
⑤ D. Dawson, et al., "Artificial intelligence: Australia's ethics framework", Data61 CSIRO, Australia, 2019.

用算法，可能瓦解作为法治根基的、对个体的正当程序保护。①

对大型数字企业而言，以政府承包等方式参与法治智慧化进程，有日益常见之势。② 这既是智能产业发展的最好体现，也是对企业本身发展的褒奖。不过，鉴于暂时不太可能存在完全稳健安全的算法。此时，又因算法用于公共领域，一旦造成危害，即有可能造成十分严重的结果。譬如，围绕 COMPAS 可能造成的歧视问题，开发者被卷入多场诉讼，部分至今尚未结束。③ 同理，倘若算法在锁定或辨认嫌疑人方面出错，同样可能造成极高法律风险。④ 在社会福利或医疗保障等领域，企业面对类似的风险：一旦算法出现大规模失能、歧视或隐私泄露问题，开发者将面临旷日持久且费用极高的集体诉讼和大量负面舆论报道，可能被判决巨额赔偿，以及其他成本极高的补偿。⑤ 既然相关风险已引起多地监管关注，并已产生大量实际争议，企业应当仔细拟定对策。

在参与法治进程的同时，始终关注并尽力实现算法可问责性，是应对以上风险的出路。如 Pasquale 阐明：算法是以代码形式书写的价值。⑥ 当技术与法治深入结合，代码蕴含价值，须与公意蕴含价值一致。否则，一旦以前者替代后者，即有可能遭遇 COMPAS 开发者等面临的风险。此时，欧盟高级专家组就可问责性设定的一系列问题值得反复追问，这些问题包括："算法的处理过程及输出是否可追溯；算法是否可能影响个体基本权利；是否曾由各利益攸关者角度出发，对

---

① 参见 Danielle Keats Citron. , "Technological due process", *Wash. UL Rev.* 85, 2007.

② 例如，有关 IBM 等企业因承包政府系统卷入与正当程序原则有关的诉讼的情况，参见 Virginia Eubanks, . *Automating Inequality: How High-Tech Tools Profile, Police, and Punish the Poor*, St. Martin's Press, 2018。

③ 例如，*State v. Hickerson* 及 *DC Juvenile Court Risk Assessment Case* 等案例。

④ 例如，*Lynch v. State* 等案例。

⑤ 例如，*K. W. ex rel. D. W. v. Armstrong* 及 *Ark. Dep't of Human Servs. v. Ledgerwood* 等案件。

⑥ 参见 Frank Pasquale, . *The Black Box Society*, Harvard University Press, 2015。

算法风险评估；是否曾识别受算法影响的利益与价值，并考量算法对有关利益与价值的影响；以及是否曾识别算法可能造成的危害，并考量如何补救有关危害……"① 当然，在法治场景中引入算法时，对受影响个体而言，需评估代码是否具备与先前状况大致相同的法治保护水平。同时，在企业与公权力合作、促进技术与法治融合时，有关合作协议应从既有算法风险评估框架出发，充分预见、精确描述且妥善分配平等、安全及隐私保护等多个方向上的风险。

第四节　命运共担：本土治理与国际合作双规并行

上文引述纲领，大多囿于国别范畴，部分犹有鲜明本土特色。譬如，"可信赖人工智能"纲领开宗明义指出："本纲领的目的是作为'为了欧洲的可信赖人工智能'的讨论起点。"② 美国国防部纲领同样在正文第一页写道："国家安全，是这些围绕人工智能伦理的讨论的关键一面。"③ 澳大利亚纲领开篇处亦有类似表述："人工智能伦理的关键原则与实现，以澳大利亚人的福祉为第一目标……"④ 技术可能在全球范围内广泛流动，而道德伦理则固执地常驻在国界之内。

---

① AI HLEG, "High-Level Expert Group on Artificial Intelligence", Ethics Guidelines for Trustworthy AI, 2019.
② AI HLEG, "High-Level Expert Group on Artificial Intelligence", Ethics Guidelines for Trustworthy AI, 2019.
③ ［美］美国国防部：《人工智能原则：国防部人工智能应用伦理的若干建议》（AI Principles-Recommendations on the Ethical Use of Artificial Intelligence by the Department of Defense），2019年10月，https：//media.defense.gov/2019/Oct/31/2002204458/-1/-1/0/DIB_ AI_ PRIN-CIPLES_ PRIMARY_ DOCUMENT.PDF。
④ D. Dawson, et al., "Artificial intelligence: Australia's ethics framework", Data61 CSIRO, Australia, 2019.

与此同时，各国亦呈现清晰合作趋势。首先，本土色彩再浓烈，智能算法所带来的风险差异也并不会太大。在理论探究及实践方面，各方因而具备广阔的合作空间。实际上，不妨以澳大利亚纲领为例，开篇即列明世界各地既有方案，并以此为编撰伦理缘由之一。① 其次，受算法影响的利益攸关方正在国际化。"幽灵劳工"便是典型案例之一。② 最后，很可能也是最为重要的一点，部分发达国家或地区正寻求在算法伦理方面建立全球领导地位。在"可信赖人工智能"纲领中，紧接"本纲领的目的是作为'为了欧洲的可信赖人工智能'的讨论起点"的下一句，便是"超越欧洲，本纲领旨在激发全球范围内、对人工智能伦理框架的研究、反思与讨论"。③ Access Now 的跨国比较，同样反复肯定了欧洲算法伦理影响世界规制格局的可能性。④ 类似的争夺话语权表述，尚见于 OECD 人工智能的立法建议，"……令相关立法建议所反复强调的人工智能可信赖性，成为全球市场中有影响力的参数……"。⑤ 上述因素，既推动全球合作，又显著影响将来的合作格局。

对企业而言，相应对策同样包含三个因素。对第一种因素，应强化对全球算法规制动态的跟踪、及时归纳共通点。实际上，这也是本书主旨之一。对第二种因素，如前所述，应建立更具包容性的利益攸关者对话机制。值得注意的是，围绕算法风险或损害产生的跨域诉讼未来可能上升，企业可以提前进行法律资源积累。对第三

---

① D. Dawson, et al., "Artificial intelligence: Australia's ethics framework", Data61 CSIRO, Australia, 2019.
② 参见 Mary L. Gray, Suri Siddharth, *Ghost Work: How to Stop Silicon Valley from Building a New Global Underclass*, Eamon Dolan Books, 2019。
③ AI HLEG, "High-Level Expert Group on Artificial Intelligence", Ethics Guidelines for Trustworthy AI, 2019.
④ 参见 Access Now, Mapping Regulatory Proposals for Artificial Intelligence in Europe, 2018.
⑤ *Recommendation of the Council on OECD Legal Instruments Artificial Intelligence.*

种因素，对策比较复杂。当前而言，国外普遍承认中国在智能算法领域的重要地位，认为"中国拥有世界最大的人工智能前沿数据企业……"。① 然而，对中国的偏见同样相当强烈，认为"……这些企业随时间演化，却未必是往好的方向……"。② 其中，国外对中国社会信用系统的偏见尤其强烈，将其认为是大规模监控的工具。这一偏见，又有可能转化为现实层面的规制压力。③ 考虑到欧盟 GDPR 等有关规制在全球范围内的辐射力，以及中美贸易摩擦而引发出的各类问题，在企业层面，除配合国家人工智能战略、待偏见因国力强盛慢慢减退外，可以综合采取以下两类措施：一方面，继续加强在技术标准化等方面的参与，④ 努力塑造规制的整体格局与具体适用，纾缓或抑制负面规制冲击。另一方面，尤其是在抱守偏见的地区，在注重遵守透明、公平、隐私及可问责原则的同时，与监管者、学术界、非政府组织以及媒体等多元主体实现充分、全面、及时的沟通，推广中国企业在算法伦理方面的高水平研究成果，以此提前应对算法领域可能涌现的、与个人信息合规类似的"等价性"伦理规范。这一点耗费较多、开展难度较大。然而，对于大型数字企业而言，这既有助于避免规制层面的剧烈冲击，又有利于与国家整体战略方向配合，共同扭转偏见。

---

① Access Now：《欧洲人工智能监管建议》（Mapping Regulatory Proposals for Artificial Intelligence in Europe），2018 年 11 月，https：//www.accessnow.org/cms/assets/uploads/2018/11/mapping_regulatory_proposals_for_AI_in_EU.pdf。
② Access Now：《欧洲人工智能监管建议》（Mapping Regulatory Proposals for Artificial Intelligence in Europe），2018 年 11 月，https：//www.accessnow.org/cms/assets/uploads/2018/11/mapping_regulatory_proposals_for_AI_in_EU.pdf。
③ Access Now：《欧洲人工智能监管建议》（Mapping Regulatory Proposals for Artificial Intelligence in Europe），2018 年 11 月，https：//www.accessnow.org/cms/assets/uploads/2018/11/mapping_regulatory_proposals_for_AI_in_EU.pdf。
④ 例如，"网易科技"：《"生物特征识别多模态融合"国际标准立项，刷脸支付将更安全》，https：//tech.163.com/20/0302/08/F6MU3I2Q000999LD.html。

参考文献

一 外文文献

1. ［澳］澳大利亚政府:《国家数字经济战略》(*Digital Economy Strategy*), 2011 年 5 月, https://apo.org.au/sites/default/files/resource-files/2011-05/apo-nid227751.pdf。

2. ［澳］澳大利亚证券与投资委员会:《关于向个人客户提供数字金融产品建议智能投顾的 255 号监管指引》(*Providing Digital Financial Product Advice to Retail Clients*), 2016 年 8 月, https://asic.gov.au/media/3994496/rg255-published-30-august-2016.pdf。

3. ［澳］澳大利亚创新与科学处:《2030 年澳大利亚:创新获致繁荣》(*Australia 2030 Prosperity through innovation*), 2017 年 11 月, https://www.industry.gov.au/sites/default/files/May%202018/document/pdf/australia-2030-prosperity-through-innovation-full-report.pdf?acsf_files_redirect。

4. ［澳］澳大利亚联邦科学与工业研究组织:《人工智能:澳大利亚的伦理框架(讨论稿)》(*Artificial Intelligence: Australia's Ethics Framework (A Discussion Paper)*), 2019 年 4 月, https://consult.industry.gov.au/strategic-policy/artificial-intelligence-ethics-framework/supporting_documents/ArtificialIntelligenceethicsframework discussion-

paper. pdf。

5. ［丹］丹麦政府：《丹麦数字化增长战略》（*Strategy for Dennmark's Digital Growth*），2018 年 1 月，https：//eng. em. dk/media/10566/digital-growth-strategy-report_ uk_ web-2. pdf。

6. ［法］法国议会：《数字共和国法》（*The Law for a Digital Republic*），2016 年 10 月，https：//wipolex. wipo. int/en/text/420578。

7. 联合国教科文组织与世界科学知识与技术伦理委员会：《机器人伦理初步报告草案》（*Preliminary Draft Reports of COMEST on Robotics ethics*），2016 年 8 月，https：//unescoblob. blob. core. windows. net/pdf/UploadCKEditor/REPORT% 20OF% 20 COMEST% 20ON% 20ROBOTICS% 20ETHICS% 2014. 09. 17. pdf。

8. Access Now：《欧洲人工智能监管建议》（*Mapping Regulatory Proposals for Artificial Intelligence in Europe*），2018 年 11 月，https：//www. accessnow. org/cms/assets/uploads/2018/11/mapping_ regulatory_ proposals_ for_ AI_ in_ EU. pdf。

9. 经济合作与发展组织（OECD）理事会：《人工智能建议》（*The Recommendation of the Council on Artificial Intelligence*），2019 年 5 月，https：//www. fsmb. org/siteassets/artificial-intelligence/pdfs/oecd- recommendation-on-ai-en. pdf。

10. ［加］加拿大证券管理局：《投资组合管理机构提供在线投资建议的指引》（*Guidance for Portfolio Managers Regarding Online Advice*），2015 年 9 月，https：//www. osc. ca/sites/default/files/pdfs/irps/csa_ 20150924_ 31-342_ portfolio-managers-online-advice. pdf。

11. ［加］加拿大政府：《泛加拿大人工智能战略》（*Pan-Canadian Artificial Intelligence Strategy*），2017 年 3 月，https：//cifar. ca/ai/。

12. ［加］加拿大政府：《自动化决策指令》（*Directive on Automated*

Decision-Making），2019 年 2 月，https：//www. tbs-sct. gc. ca/pol/doc-eng. aspx？id＝32592。

13. 毕马威：《人工智能促进企业转型》（*AI Transforming the Enterprise*），2019 年 9 月，https：//advisory. kpmg. us/content/dam/advisory/en/pdfs/2019/8-ai-trends-transforming-the-enterprise. pdf。

14. ［美］美国伊利诺伊州议会：《生物信息隐私法》（*Biometric Information Privacy Act*），2008 年 10 月，https：//www. ilga. gov/legislation/publicacts/95/095-0994. htm。

15. ［美］美国证券交易委员会：《投资者警示：自动化投资工具》（*Investor Alert：Automated Investment Tools*），2015 年 5 月，https：//www. sec. gov/oiea/investor-alerts-bulletins/autolistingtoolshtm. html。

16. ［美］斯坦福大学：《2030 年的人工智能与生活调查报告》（*Artificial Intelligence and Life in 2030*），2016 年 9 月，https：//ai100. stanford. edu/sites/g/files/sbiybj9861/f/ai_100_report_0831fnl. pdf。

17. ［美］美国国家科学技术委员会：《为人工智能的未来做好准备》（*Preparing for the Future of Artificial Intelligence*），2016 年 10 月，https：//cra. org/ccc/wp-content/uploads/sites/2/2016/11/NSTC_preparing_for_the_future_of_ai. pdf。

18. ［美］美国国家科学技术委员会：《国家人工智能研究和发展战略计划》（2016 年版）（*The National Artificial Intelligence Research and Development Strategic Plan：2016*），2016 年 10 月，https：//www. nitrd. gov/pubs/national_ai_rd_strategic_plan. pdf。

19. ［美］加州大学圣迭戈分校、卡耐基梅隆大学、耶鲁大学等 19 所美国高校：《美国机器人发展路线图：从互联网到机器人（2016 年版）》（*A Roadmap for US Robotics：From Internet to Robotics*

（2016 *Edition*）），2016 年 10 月，https：//cra. org/ccc/wp-content/uploads/sites/2/2016/11/roadmap3-final-rs-1. pdf。

20. ［美］美国总统行政机构：《人工智能、自动化和经济》（*Artificial Intelligence, Automation, and the Economy*），2016 年 12 月，https：//obamawhitehouse. archives. gov/sites/whitehouse. gov/files/documents/Artificial-Intelligence-Automation-Economy. PDF。

21. ［美］美国证券交易委员会：《智能投顾合规监管指南》（*Guidance Update：Robo-Advisers*），2017 年 2 月，https：//www. sec. gov/investment/im-guidance-2017-02. pdf。

22. ［美］美国证券交易委员会投资者教育和宣传办公室：《投资者公告：机器人顾问》（*Investor Bulletin：Robo-Advisers*），2017 年 2 月，https：//www. sec. gov/oiea/investor-alerts-bulletins/ib_robo-advisers. html。

23. ［美］美国皮尤研究中心：《人工智能与人类未来》（*Artificial Intelligence and the Future of Humans*），2018 年 12 月，https：//www. pewresearch. org/internet/2018/12/10/artificial-intelligence-and-the-future-of-humans/。

24. ［美］美国布鲁金斯学会：《人工智能时代下的中美关系》（*US-China Relations in The Age of Artificial Intelligence*），2019 年 1 月，https：//www. brookings. edu/research/us-china-relations-in-the-age-of-artificial-intelligence/。

25. ［美］美国国会：《2019 年算法责任法案》（*Algorithmic Accountability Act of* 2019），2019 年 4 月，https：//www. congress. gov/bill/116th-congress/house-bill/2231。

26. ［美］美国国会：《人工智能倡议法案》（*Artificial Intelligence Initiative Act*），2019 年 5 月，https：//www. congress. gov/bill/116th-

congress/senate-bill/1558。

27. ［美］国家科学技术委员会：《国家人工智能研究和发展战略计划》（2019年版）（*The National Artificial Intelligence Research and Development Strategic Plan：2019 UPDATE*），2019年6月，https://www.nitrd.gov/pubs/National-AI-RD-Strategy-2019.pdf。

28. ［美］美国布鲁金斯学会：《美国数字城市中的人工智能》（*Artificial Intelligence in America's Digital City*），2019年7月，https://www.brookings.edu/research/artificial-intelligence-in-americas-digital-city/。

29. ［美］美国白宫管理和预算局：《联邦数据战略》（*Federal Data Strategy*），2019年9月，https://strategy.data.gov/assets/docs/draft-2019-2020-federal-data-strategy-action-plan.pdf。

30. ［美］美国国会：《2019年司法算法中的正义法》（*Justice in Forensic Algorithms Act of* 2019），2019年9月，https://www.congress.gov/bill/116th-congress/house-bill/4368/text。

31. ［美］美国国防部：《人工智能原则：国防部人工智能应用伦理的若干建议》（*AI Principles-Recommendations on the Ethical Use of Artificial Intelligence by the Department of Defense*），2019年10月，https://media.defense.gov/2019/Oct/31/2002204458/-1/-1/0/DIB_AI_PRINCIPLES_PRIMARY_DOCUMENT.PDF。

32. ［美］美国国会研究服务局：《人工智能与国家安全研究报告》（2019年11月21日更新）（*Artificial Intelligence and National Security*（*Updated November* 21，2019））。2019年11月，https://www.hsdl.org/?view&did=831893。

33. ［美］新美国安全研究中心：《美国AI世纪：行动蓝图》（*The American AI Century：A Blueprint for Action*），2019年12月，https://

s3. us-east-1. amazonaws. com/files. cnas. org/documents/CNAS-Tech-American-AI-Century_ updated. pdf? mtime = 2020010 3081822& focal = none。

34. ［美］美国白宫管理和预算局：《人工智能应用监管指南备忘录（草案）》（*Guidance for Regulation of Artificial Intelligence Applications*（*draft*）），2020 年 1 月，https：//www. whitehouse. gov/wp-content/uploads/2020/01/Draft-OMB-Memo-on-Regulation-of-AI-1-7-19. pdf。

35. ［美］美国白宫科技政策办公室：《美国人工智能倡议首年年度报告》（*American Artificial Intelligence Initiative：Year One Annual Report*），2020 年 2 月，https：//www. nitrd. gov/nitrdgroups/images/c/c1/American-AI-Initiative-One-Year-Annual-Report. pdf。

36. ［美］美国国家标准与技术研究院：《可解释 AI 四项原则草案》（*Four Principles of Explainable Artificial Intelligence*），2020 年 8 月，https：//www. nist. gov/system/files/documents/2020/08/17/NIST%20Explainable%20AI%20Draft%20NISTIR8312%20%281%29. pdf。

37. 欧洲议会：《通用数据保护条例》（*General Data Protection Regulation*），2016 年 4 月，https：//eur-lex. europa. eu/legal-content/EN/TXT/PDF/? uri = CELEX：32016R0679。

38. 欧洲议会：《欧盟机器人民事法律规则》（*European Civil Law Rules on Robotics*），2017 年 2 月，https：//www. europarl. europa. eu/RegData/etudes/STUD/2016/571379/IPOL_ STU（2016）571379_ EN. pdf。

39. 欧盟委员会：《用于监管目的的自动化个体决策和人物画像之指南》（*Guidelines on Automated individual decision-making and Profiling for the purposes of Regulation*），2018 年 2 月，https：//ec. europa. eu/newsroom/article29/item-detail. cfm? item_ id = 612053。

40. 欧盟委员会：《人工智能通讯》（*Communication Artificial Intelligence*），2018年4月，https：//digital-strategy. ec. europa. eu/en/library/communication-artificial-intelligence-europe。

41. 欧盟委员会：《可信赖人工智能伦理指南草案》（*Draft Ethics Guidelines for Trustworthy AI*），2018年12月，https：//www. euractiv. com/wp-content/uploads/sites/2/2018/12/AIHLEGDraftAIEthics-Guidelinespdf. pdf。

42. 欧洲政策研究中心：《人工智能的伦理、治理和政策挑战》（*Artificial Intelligence：Ethics, governance and policy challenges*），2019年2月，https：//ec. europa. eu/jrc/communities/sites/default/files/ai_ tfr. pdf。

43. 欧洲议会：《理解算法决策：机遇与挑战》（*Understanding Algorithmic Decision-making：Opportunities and Challenges*），2019年3月，https：//www. europarl. europa. eu/RegData/etudes/STUD/2019/624261/EPRS_ STU（2019）624261_ EN. pdf。

44. 欧盟委员会：《可信赖人工智能伦理指南》（*Ethics Guidelines for Trustworthy AI*），2019年4月，https：//digital-strategy. ec. europa. eu/en/node/1950/printable/pdf。

45. 欧盟人工智能高级专家组：《可信赖人工智能的政策和投资建议》（*Policy and Investment Recommendations for Trustworthy AI*），2019年6月，https：//digital-strategy. ec. europa. eu/en/node/1694/printable/pdf。

46. 欧盟委员会：《人工智能白皮书：通往卓越和信任的欧洲之路》（*White Paper on Artificial Intelligence- A European Approach to Excellence and Trust*），2020年2月，https：//ec. europa. eu/info/sites/info/files/commission-white-paper-artificial-intelligence-feb2020_ en. pdf。

47. ［日］日本人工智能学会伦理委员会：《日本人工智能学会伦理准则》（*The Japanese Society for Artificial Intelligence Ethical Guidelines*），2017年2月，http：//ai-elsi. org/wp-content/uploads/2017/05/JSAI-Ethical-Guidclines-1. pdf。

48. ［日］人工智能技术战略委员会：《人工智能技术战略》（*Artificial Intelligence Technology Strategy*），2017年3月，https：//ai-japan. s3-ap-northeast-1. amazonaws. com/7116/0377/5269/Artificial_ Intelligence_ Technology_ StrategyMarch2017. pdf。

49. ［日］日本总务省：《人工智能利用原则草案》（*Draft AI Utilization Principles*），2018年7月，https：//www. soumu. go. jp/main_content/000581310. pdf。

50. ［新加波］新加坡国家研究基金会：《新加坡人工智能战略》（*AI Singapore*），2017年5月，https：//www. aisingapore. org/。

51. ［新加波］新加坡咨询通信媒体发展管理局：《AI治理和伦理的三项倡议》（*Artificial Intelligence Governance and Ethics Initiatives*），2018年6月，https：//www. imda. gov. sg/-/media/Imda/Files/About/Media-Releases/2018/2018-06-05-Fact-Sheet-for-AI-Govt. pdf? la = en。

52. ［新加波］新加坡个人资料保护委员会：《人工智能治理示范框架（第一版）》（*Model Artificial Intelligence Governance Framework (The First Edition)*），2019年1月，https：//ai. bsa. org/wp-content/uploads/2019/09/Model-AI-Framework-First-Edition. pdf。

53. ［新加波］新加坡个人资料保护委员会：《人工智能治理示范框架（第二版）》（*Model Artificial Intelligence Governance Framework (The Second Edition)*），2020年1月，https：//www. pdpc. gov. sg/-/media/files/pdpc/pdf-files/resource-for-organisation/ai/sgmode-

laigovframework2. pdf。

54. ［新加波］新加坡政府：《新加坡人工智能政府监管标准框架配套文件：公司实施及自查规则》（*Companion to the Model AI Governance Framework*：*Implementation and Self-Assessment Guide for Organizations*），2020 年 1 月，https：//www. pdpc. gov. sg/-/media/Files/PDPC/PDF-Files/Resource-for-Organisation/AI/SGIsago. pdf。

55. ［印度］印度国家转型研究院：《国家人工智能战略》（*National Strategy for Artificial Intelligence*），2018 年 6 月，https：//niti. gov. in/writereaddata/files/document _ publication/NationalStrategy-for-AI-Discussion-Paper. pdf。

56. ［英］英国商业、能源和产业部与数字、文化、媒体和体育部：《人工智能领域行动》（*Artificial Intelligence Sector Deal*），2018 年 4 月（最新版本：2019 年 5 月），https：//www. gov. uk/government/publications/artificial-intelligence-sector-deal/ai-sector-deal。

二 中文文献

1. 艾媒咨询：《2017 年中国智能投顾市场专题研究报告》，2017 年 8 月，report. idx365. com/艾媒/2017 年中国智能投顾市场专题研究报告 . pdf。

2. 国家标准化管理委员会：《人工智能标准化白皮书（2018 版）》，2018 年 1 月，http：//www. cesi. cn/201801/3545. html。

3. 国家新一代人工智能治理专业委员会：《新一代人工智能治理原则——发展负责任的人工智能》，2019 年 6 月，http：//www. most. gov. cn/kjbgz/201906/t20190617_ 147107. htm。

4. 国家市场监督管理总局、国家标准化管理委员会：《信息安全技术个人信息安全规范（2020年版），2020年3月，http：//openstd. samr. gov. cn/bzgk/gb/newGbInfo? hcno = 4568F276E0F8346 EB0FBA 097AA0CE05E。

后　　记

2019年秋天，在杭州西子湖畔举办的"人工智能政策与法律——算法治理"国际研讨会上，我有幸代表中方发布了《中国人工智能法律与政策研究报告》。自起草这一报告之后，我们研究团队就持续深入关注人工智能治理话题。2020年，我们在已有研究基础上成功申报了国家社科基金项目"智能治理的法治规范与保障研究"。

本书从策划到出版问世，刚好一年时间。这么高的效率，离不开中国社会科学出版社许琳老师和蚂蚁集团合规部数据科技合规团队的蔡年余先生、李洁女士的大力支持。对他们致以最诚挚的谢意！

最后，我还要特别感谢我们团队的徐玖玖（中国社会科学院法学研究所博士后）、朱悦（美国圣路易斯华盛顿大学博士）、张心宇（中国社会科学院大学博士研究生），他们在完成自己科研学习任务的同时，以极高的责任心参与了本书的撰写；也要特别感谢韩阳（北京大学博士研究生）、陈默（中国社会科学院大学硕士研究生），他们协助我完成了本书的校对统稿工作。

因为时不我待，所以只争朝夕。故而，如有任何错误，还望各位读者不吝指正！

周　辉
2021年3月于北京中关村